BEI GRIN MACHT SICH
WISSEN BEZAHLT

- Wir veröffentlichen Ihre Hausarbeit,
  Bachelor- und Masterarbeit

- Ihr eigenes eBook und Buch -
  weltweit in allen wichtigen Shops

- Verdienen Sie an jedem Verkauf

Jetzt bei www.GRIN.com hochladen
und kostenlos publizieren

Bibliografische Information der Deutschen Nationalbibliothek:

Die Deutsche Bibliothek verzeichnet diese Publikation in der Deutschen National-
bibliografie; detaillierte bibliografische Daten sind im Internet über http://dnb.d-
nb.de/ abrufbar.

Impressum:

Copyright © 2009 GRIN Verlag, Open Publishing GmbH
Druck und Bindung: Books on Demand GmbH, Norderstedt Germany
ISBN: 9783668314801

Dieses Buch bei GRIN:

http://www.grin.com/de/e-book/193153/mowgli-und-orientalismus-wahrnehmung-
und-deutung-indischer-wolfskinder

Carola Katharina Bauer

Mowgli und Orientalismus? Wahrnehmung und Deutung indischer Wolfskinder in der britischen Publizistik

GRIN Verlag

Universität Augsburg

Philologisch-Historische Fakultät

BAKKALAUREATS-ARBEIT

zur Erlangung des Grades „Bakkalaureus Artium" (B.A.)

im Studiengang *Europäische Kulturgeschichte (B.A.)*

Mowgli und Orientalismus?

Wahrnehmung und Deutung indischer Wolfskinder in der britischen Publizistik von der Mitte des 19. bis Anfang des 20. Jahrhunderts

vorgelegt von:

Name: Carola Katharina Bauer

Inhaltsverzeichnis

Der Anhang wurde aus urheberrechtlichen Gründen für die Veröffentlichung entfernt.

1. Einleitung: Mowgli und Orientalismus

1.1 Einführung in die Aufgabenstellung der Bakkalaureats-Arbeit

„Da wir bisher keinen Flek der Erde entdeckt haben, wo noch völlige Naturmenschen anzutreffen wären, [...] [d]a keine Überlieferung oder Sage der Vorwelt, uns eine Beschreibung davon macht, so müssen wir das Nöthige, zu einem richtigen Originale dazu, von den vorher angeführten Verwilderten [...] hernemen."[1]

Derart äußert sich der Kulturhistoriker Gebhard Wendeborn in seinen 1807 publizierten *Vorlesungen über die Geschichte des Menschen* zu den sogenannten Wolfskindern – das heißt Kindern, die aus unterschiedlichsten Gründen ohne bzw. mit minimalem menschlichen Kontakt aufgewachsen sind und von Tieren aufgezogen wurden oder auf sich allein gestellt überlebt haben.[2] Die pragmatische Art und Weise, mit welcher der Wissenschaftler die Existenz dieser wilden Menschen als glücklichen Zufall beschreibt, da diese ihm als Beweis für seine Theorie über Naturvölker in der Frühgeschichte der Menschheit dienen können, ist indes kein Einzelfall.[3] Gerade im Zuge der Aufklärung geraten die Wolfskinder verstärkt in den Fokus von Philosophen und Pädagogen – oft mit dem Fernziel, die Frage nach der Beschaffenheit des menschlichen Naturzustandes zu klären bzw. die rudimentären Eigenschaften des Homo sapiens jenseits des Einflusses der menschlichen Zivilisation auszumachen.[4] Während die wilden Kinder vor dem 18. Jahrhundert noch als Monstren oder Wesen zwischen Mensch und Tier aufgefasst worden sind, werden sie nun zum Beweis für Ideologien einzelner Gelehrter, die sich bezüglich ihrer Positionen vereinfacht ausgedrückt in zwei Lager aufspalten lassen:[5] Zum einen betrachtet man die Wolfskinder in ihrer Tierähnlichkeit als Beleg für die These, dass menschliche Eigenschaften und Fähigkeiten alleine der Erziehung und der Sozialisation in menschlicher Gesellschaft zu verdanken seien – eine Auffassung, die unter anderem von dem französischen Aufklärer Etienne Bonnot de Condillac in seinem 1746 veröffentlichten *Essai sur l'origine de connaissances humaines* vertreten wird, der für seine Beweisführung den Fall eines litauischen Bärenjungen, den man 1694 aufgefunden hat, zitiert.[6] Zum anderen werden die wilden Kinder allerdings auch umgekehrt als Missbildungen oder Menschen mit angeborenem Schwachsinn aufgefasst, welche daher zu keinen eindeutigen Aussagen über das Fehlen oder Vorhandensein von einer angeborenen menschlichen Natur führen könnten. Diese Meinung wird meist von Gelehrten geäußert, die ohnehin von dem grundlegenden Unterschied zwischen Mensch und Tier fest überzeugt sind – wie etwa von dem Göttinger Professor und

---

[1] Wendeborn, Gebhard Friedrich August: Vorlesungen über die Geschichte des Menschen und seine natürliche Bestimmung. Hamburg 1807, S.156.
[2] Vgl. zu einer Definition des Begriffs ‚Wolfskinder': Malson, Lucien: Die wilden Kinder. In: Malson, Lucien (Hg,): Die wilden Kinder. Frankfurt am Main 1972, S.10. Eine brauchbare Begriffsklärung liefert auch die ausgezeichnete Internetseite FeralChildren.com, die Wolfskinder thematisiert. (http://www.feralchildren.com/de/index.php (aufgerufen am 8.2.2009.))
[3] Vgl. Wendeborn, Gebhard Friedrich August:: Vorlesungen, S.157 f.
[4] Vgl. dazu u.a. Newton, Michael: Savage Girls and Wild Boys. A History of Feral Children. Zweite Auflage. London 2003, S.199. Vgl. Koch, Friedrich: Das wilde Kind. Hamburg 1997, S.14 f.
[5] Vgl. Pethes, Nicolas: Zöglinge der Natur. Der literarische Menschenversuch des 18. Jahrhunderts. Göttingen 2007, S.63.
[6] Vgl. Blumenthal, P.J.: Kaspar Hausers Geschwister. Auf der Suche nach dem wilden Menschen. Zweite Auflage. Wien; Frankfurt 2003, S.24.

Arzt Johann Friedrich Blumenbach, der 1811 in seiner Sammlung *Beyträge zur Naturgeschichte* den 1724 bei Hameln aufgefundenen ‚Wilden Peter' mit den Worten „nichts weiter, als ein stummer, blödsinniger Tropf" bezeichnet.[7] Was bei einer Betrachtung dieser vollkommen gegensätzlichen Meinungen zu den Wolfskindern – die so oder ähnlich auch noch im 20. Jahrhundert auftauchen – insbesondere deutlich werden dürfte, ist, dass die Interpretation der wilden Kinder stark abhängig bleibt von dem Bezugssystem und der Weltanschauung des jeweiligen Wissenschaftlers. Somit bilden Wolfskinder nicht nur für die Erziehungswissenschaft, die Anthropologie oder die Psychologie ein interessantes Forschungsobjekt. Vielmehr wird den verschiedenen Diskursen, die sich rund um die einzelnen Fälle entwickeln, auch innerhalb der Geisteswissenschaften in den letzten Jahrzehnten zu Recht verstärkt Beachtung geschenkt. Selbst wenn die Wolfskind-Forschung in dieser Hinsicht längst kein Randgebiet mehr darstellt, sondern die historiografische Fachliteratur – mit den Worten des Historikers Hansjörg Bruland – eher „kaum mehr zu überblicken" ist,[8] fällt dennoch nicht nur auf, dass sich entsprechende Einzelstudien auf bestimmte Fälle wie Jean Itards Victor von Aveyron oder Kaspar Hauser beschränken.[9] Vielmehr liegt der Fokus insgesamt – selbst in den entsprechenden Kompendien – eindeutig auf den Diskussionen um jene wilden Kinder in der Frühen Neuzeit, die im europäischen Raum aufgefunden worden sind. Sträflich vernachlässigt wird dabei jedoch die Tatsache, dass die Thematik der europäischen Wolfskinder in der Publizistik seit dem 19. Jahrhundert zwar stark an Bedeutung verliert, das europäische Interesse an außereuropäischen wilden Kindern jedoch gleichzeitig eindeutig im Wachstum begriffen ist.[10] Diesem Forschungsdesiderat möchte diese Bakkalaureats-Arbeit wenigstens stellenweise Abhilfe verschaffen. Angeregt durch das Kapitel *Passage nach Indien* in dem einschlägigen Überblickswerk von Blumenthal, das eindrücklich die Vielzahl der im 19. und 20. Jahrhundert bekannt gewordenen Fälle von indischen Wolfskindern deutlich macht, wird die Wahrnehmung und Darstellung dieser auf den folgenden Seiten genauer untersucht werden.[11] Um das Thema einzugrenzen, soll dabei lediglich die Thematisierung und Deutung der indischen Wolfskinder in der britischen Publizistik aus der zweiten Hälfte des 19. und dem Beginn des 20. Jahrhunderts im Zentrum stehen. Diese Fokussierung ist aus zwei Gründen besonders sinnvoll und vielversprechend: Zum einen erscheint der geografische Schwerpunkt auf Großbritannien plausibel, da indische *feral children* von den 1850er Jahren bis in die

---

[7] Blumenbach, Johann Friedrich: Beytzträge zur Naturgeschichte. Zweyter Theil Vom HOMO sapiens ferus LINN, und namentlich vom Hamelschen wilden Peter. Göttingen 1811, S.27. Einen Überblick über die Meinung Blumenbachs und die zeitgenössischen Forschungen zum ‚Wilden Peter' bietet Bruland. (Vgl. Bruland, Hansjörg: Wilde Kinder in der Frühen Neuzeit. Geschichten von der Natur des Menschen. Stuttgart 2008, S.190 ff., S.377-398.)

[8] Bruland, Hansjörg: Wilde Kinder in der Frühen Neuzeit, S.44.

[9] Unter den entsprechenden Einzelstudien sind die Werke von Gineste, Werner und Weckmann besonders hervorzuheben. (Vgl. Gineste, Thierry: Victor de l'Aveyron. Dernier enfant sauvage, premier enfant fou. Nouvelle édition revue et augmentée. Paris 2004. Vgl. Werner, Birgit: Die Erziehung des Wilden von Aveyron. Ein Experiment auf der Schwelle zur Moderne. Frankfurt am Main 2004. Vgl. Weckmann, Berthold: Kaspar Hauser. Die Geschichte und ihre Geschichten. Würzburg 1993.)

[10] Vgl. Malson, Lucien: Die wilden Kinder, S.47.

[11] Vgl. Blumenthal, P.J.: Kaspar Hausers Geschwister, S.166-177. Vgl. ebd., S.178-195 und S.210-228.

adäquater zu erfassen.[22] Während der Autor von *Orientalism* den Zuschreibungsprozess im Rahmen der kolonialen Diskurse als bewusst und intendiert versteht,[23] berücksichtigt der Literaturtheoretiker Bhabha – vollkommen zu Recht – auch die „psychodynamische Komplexität des wechselseitigen Abhängigkeitsverhältnisses von Kolonisator und Kolonisiertem."[24] Durch die Miteinbeziehung der Überlegung, dass die Kolonialherren in der Konstruktion ihrer kolonialen Identität stets von äußeren Faktoren abhängig sind und durch die Betonung des Umstandes, dass koloniale Vorstellungen von dem ‚Anderen' immer zuallererst Ausdruck einer unterschwelligen Angst vor dem eigenen Autoritätsverlust sind, stellt Bhabha die Fragwürdigkeit einer vollkommenen Macht der Imperialisten über den kolonialen Diskurs heraus.[25] Dieser Tatbestand sei insbesondere an der Ambivalenz der Stereotypen über die Kolonialisierten zu bemerken, die mit einem Freudschen Fetisch verglichen werden könnten, da sie sowohl die Furcht vor als auch das Begehren nach dem Anderen widerspiegelten.[26]

Der berechtigte Widerwille Bhabhas gegenüber einer künstlich konstruierten Dichotomie zwischen machtvollen Kolonialherren und machtlosen Kolonialvölkern soll im Folgenden in dieser Untersuchung zum Tragen kommen. Denn berücksichtigt man die Beobachtung des Autors von *The Location of Culture*, dass die Konstruktion der Fremdbilder stets vom Verhalten des unterdrückten Volkes abhäng ist, ergeben sich völlig neue Zugriffsarten auf das verstärkte Auftauchen der indischen Wolfskinder in der britischen Publizistik gegen Ende des 19. bzw. Anfang des 20. Jahrhunderts.[27] Bildet eine Synthese der Thesen Saids und Bhabhas sozusagen das theoretische Hauptfundament dieser Untersuchung, werden andere postkolonialistische Theoretiker – insbesondere Orientalismusforscher wie Lisa Lowe, welche die Erkenntnisse der Geschlechtergeschichte mit in die Debatte einbeziehen – ebenfalls gegebenenfalls bei der Analyse der entsprechenden Texte berücksichtigt werden.[28]

In Bezug auf die Vorgehensweise ergibt sich dementsprechend aufgrund der aufgestellten Leitfragen und des bisherigen Forschungsstandes folgendes ‚Grundgerüst' für die vorliegende Bachelorarbeit: Im ersten inhaltlich relevanten Punkt werden zunächst nach einigen knappen Anmerkungen zum historischen Kontext – sprich dem Verhältnis Großbritanniens zu Indien im 19. und Anfang des 20. Jahrhunderts – die bisherigen Forschungen zum britischen Indienbild in besagtem Zeitraum im Zentrum stehen. Denn da es – wie Bhabha treffend bemerkt – von entscheidender Bedeutung ist, das „Wahrheitssystem [der kolonialen Macht] zu (re-

---

[22] Vgl. Said, Edward W.: Orientalism, S.94. Seine kritische Einschätzung von Saids Umgang mit Foucault spricht Bhabha in *Die Frage des Anderen* selbst an. (Vgl. Bhabha, Homi K.: Die Verortung der Kultur, S.106 f.)

[23] Vgl. Varela, Maria do Mar Castro; Dhawan, Nikita: Postkoloniale Theorie, S.37.

[24] Kreutzer, Eberhard: Bhabha, Homi K. In: Nünning, Ansgar (Hg.): Metzler Lexikon Literatur- und Kulturtheorie. Ansätze – Personen – Grundbegriffe. Dritte, aktualisierte und erweiterte Auflage. Stuttgart; Weimar 2004, S.61.

[25] Vgl. Varela, Maria do Mar Castro; Dhawan, Nikita: Postkoloniale Theorie, S.86-92.

[26] Vgl. Bhabha, Homi K.: Die Verortung der Kultur, S.107. Vgl. Dubiel, John: Dialektik der postkolonialen Hybridität, S.37, 41.

[27] Vgl. Varela, Maria do Mar Castro; Dhawan, Nikita: Postkoloniale Theorie, S.86.

[28] Vgl. Lowe, Lisa: Critical Terrains. French and British Orientalisms. Ithaca; London 1991.

)konstruieren" um deren Gedankenwelt zu verstehen, wird dieses Kapitel helfen, in die zeitgenössischen Fantasien und Vorstellungen Großbritanniens von dem Subkontinent einzuführen.[29] Mit dem dritten Punkt wird das eigentliche Anliegen der Bachelorarbeit fokussiert: Nach einer kurzen Vorstellung der vorhandenen realen Fälle über indische Wolfskinder im anvisierten Zeitraum und einer Einführung in die diesbezügliche Quellenlage wird die Art und Weise, wie in den britischen Sachpublikationen von den indischen Wolfskindern gesprochen wird, genauer untersucht werden – insbesondere um in einem Vergleich mit den bereits angesprochenen wissenschaftlichen und populären Deutungen ‚echter' Wolfskinder in der Frühen Neuzeit das Spezifische an diesem britischen Diskurs über indische Wolfskinder herauszustellen. Vor allem aufgrund des bereits von Michael Newton bemerkten Umstands, dass gegen Ende des 19. Jahrhunderts auffällig viele fiktionale Wolfskinder – etwa die heute bekanntesten Versionen vom Mythos des wilden Kindes, Tarzan und Mowgli, – aufgetaucht seien, lohnt es sich anschließend, einen Blick in die britische Belletristik zu werfen, in der die indischen Wolfskinder eine vergleichsweise wichtige Rolle gespielt haben.[30] Als Quellen konnten dabei neben den 1894 und 1895 erschienenen *Jungle Books* und der ebenfalls zu dem Mowgli-Zyklus gehörenden, 1893 in dem Sammelband *Many Inventions* veröffentlichten Kurzgeschichte *In the Rukh* von Rudyard Kipling noch zwei weitere fiktive Texte – zum einen die 1905 in dem Groschenheft *Union Jack new series* erschienene Detektivgeschichte *The Jungle Boy: or, Sexton Blake's Adventures in India,* von William Murray Graydon; zum anderen der 1924 in London erschienenen Roman *Jungle-Born* von John Eyton – ausfindig gemacht werden, in welchen wilde Kinder Indiens auftauchen.[31] Wichtig erscheint bei der Analyse dieser belletristischen Werke vor allem, die vielfältigen Arten, wie indische Wolfskinder in der Literatur dargestellt werden, genauer zu systematisieren und zu interpretieren – wobei immer die Frage im Hintergrund steht, welches Indienbild, welche Indiensehnsucht und welche geheimen britischen Ängste vor dem Anderen die Gestalten verkörpern. Abschließend soll noch genauer geklärt werden, warum die indischen Wolfskinder Ende des 19. bis Anfang des 20. Jahrhunderts in den britischen Medien eine so große Bedeutung gewinnen und wie der Rückgang des Stellenwerts der wilden Kinder in der Publizistik nach den 1920ern erklärt werden kann. Hinweise auf weitere Forschungslücken und Fragen für weitergehende Untersuchungen werden gegen Ende der Bachelorarbeit ebenfalls angesprochen werden. Denn es geht nicht darum, mit dieser Abschlussarbeit das Thema

---

[29] Bhabha, Homi K.: Die Verortung der Kultur, S,98.
[30] Vgl. Newton, Michael: Savage Girls and Wild Boys, S.182.
[31] Vgl. Kipling, Rudyard: The Jungle Books. Edited with an introduction and notes by Daniel Karlin. London 2000. Vgl. Kipling, Rudyard: In the Rukh. (1893). In: Kipling, Rudyard: The writings in prose and verse. Band 6. Jungle Book. New York 1920, S.298-341. Vgl. Graydon, William Murray: The Jungle Boy: or, Sexton Blake's Adventures in India. In: Union Jack new series, Band 4, Nr. 85 (1905). Zitiert nach: http://www.erbzine.com/mag18/jungleboy.html (aufgerufen am 20.2.2009.) Vgl. Eyton, John: Jungle-Born. London 1924. Zitiert nach: http://www.p-synd.com/wild/jungleborncont.html (aufgerufen am 21.2.2009.) **Die Texte von Graydon und Eyton sind aufgrund der schlechten Zitierbarkeit der Internetdokumente in den Anhang gestellt.**

vollständig zu bearbeiten, sondern Anregungen für weitere Untersuchungen zu liefern. Diese Schrift möchte dementsprechend nur einen *ersten* Schritt in die entsprechende Richtung wagen, um zu zeigen, dass Imperialismus keine Ideologie darstellt, die nur ein „product of political philosophers working away in secluded cloisters" ist,[32] sondern eine Weltanschauung darstellt, die als eine der bedeutendsten, zeitgenössischen „clusters of ideas, beliefs, opinions, values and attitudes usually held by identifiable groups" selbst in scheinbar abgelegenen Diskursen wie den Texten über Wolfskinder aufgefunden werden kann.[33]

2. The Indians are „in every way different."[34] Das britische Indienbild von der zweiten Hälfte des 19. bis Anfang des 20. Jahrhunderts

„India has captured the British imagination in a way that no other part of the Empire ever managed to do."[35]

Derart pauschalisierend beschreibt der Literaturwissenschaftler Ralph Crane in seinem Überblicksband *Inventing India die* Bedeutung Indiens für die britische Vorstellungswelt und führt die besagte ‚Faszination Indien' auf die Vielfalt und besonders das Alter der indischen Kultur und Zivilisation zurück, die bereits vor ihrer ‚Entdeckung' durch die Briten auf eine mehrere tausend Jahre alte Geschichte zurückblicken könnte.[36] Obwohl es durchaus richtig ist, dass der Subkontinent als „jewel in the Crown of England" für die britische Fantasie besonders um die Jahrhundertwende eine wichtige Rolle spielt,[37] unterliegen der Stellenwert Indiens in der Vorstellungswelt der Briten sowie die Gründe für das Interesse an dem orientalischen Land einem ständigen Wandel – ein Umstand, der im Folgenden mit Schwerpunkt auf dem für diese Arbeit relevanten Zeitraum, der zweiten Hälfte des 19. bzw. Anfang des 20. Jahrhunderts, genauer untersucht werden soll.

Beginnt man die Geschichte der britisch-indischen Beziehungen für gewöhnlich mit der Gründung der *British East India Company* im Jahre 1600, so bleibt diese doch im 17. Jahrhundert in Bezug auf das indische Gebiet noch hinter der niederländischen Konkurrenz zurück, bis die Umstellung des Handels auf Textilien die territoriale Ausweitung des Kolonialstaates der Ostindiengesellschaft im 18. Jahrhundert einleitet.[38] Bezogen auf diese Phase lässt sich jedoch ein recht paradoxes Verhältnis beobachten: Auch wenn die Inder in den eroberten Gebieten hohe Steuern an ihre britischen Territorialherren zahlen und in der

[32] Bell, Duncan: The Idea of Greater Britain. Empire and the Future of World Order 1860-1900. Princeton; Oxford 2007, S.21.
[33] Freeden, Michael: Ideology, Political Theory and Political Philosophy. In: Gaus, Gerald; Kukathas, Chandran (Hg.): Handbook of Political Theory. London 2004, S.6.
[34] Grant, Charles: Observations on the state of society among the Asiatic subjects of Great Britain, particularly with respect to morals; and on the means of improving it. (1796) Facsimile reprint. Irish University Press Series of British Parliamentary Papers. Band 5. Colonies: East India. Shannon 1970, S.82.
[35] Crane, Ralph J.: Inventing India. A History of India in English-Language Fiction. New York 1992, S.3.
[36] Vgl. ebd., S.3.
[37] Disraeli, Benjamin. Zitiert nach: Cain, P.J.; Hopkins, A. G.: British Imperialism 1688-2000. Zweite Auflage. London 2002, S.275. Vgl. ebd., S.275-284.
[38] Vgl. Rothermund, Dietmar: Geschichte Indiens, S.53-60.

britischen Armee dienen müssen, so dass das britisch-indische Verhältnis eher als eines der Ausbeutung und Unterdrückung bezeichnet werden kann, erreicht die frühe anglo-indische Gesellschaft in der Hochphase der britischen Ostindiengesellschaft 1750 bis 1820 einen bisher nie wieder erreichten Grad an interkulturellem Austausch und gesellschaftlichen Kontakten, bei dem auch Mischehen zwischen Indern und Briten keine Seltenheit sind.[39] Dies erklärt sich vor allem dadurch, dass die Interessen an Indien in dieser Zeit vonseiten der *East India Company* in erster Linie ökonomisch geprägt sind.[40] Während Indien seit den 1750ern zwar auch schon teilweise als großes, verwildertes und an das indische Volk ‚verschwendetes' Land, das der britischen Verwaltung und Herrschaft bedarf, angesehen wird,[41] existiert von den 1760ern bis zu dem frühen 19. Jahrhundert eine „kustodiale Betrachtungsweise", das heißt ein regelrechter britischer Enthusiasmus für Indien bei gebildeten Briten.[42] Diese Begeisterung vor allem für die indische *antike* Kultur vor der Ankunft der Muslime, die teilweise sogar als Ursprung der ägyptischen Kultur angesehen wird sowie für den indischen Hinduismus, dessen alte Schriften zu Beweisen für die Richtigkeit und Authentizität des Bibeltextes stilisiert werden, spiegelt sich auch in der Gründung der Asiatic Society 1784 in Calcutta wider.[43] Die von deren erstem Präsident William Jones 1786 entdeckte Verwandtschaft zwischen Sanskrit, Latein und Griechisch – erster Versuch der Behauptung einer gemeinsamen indoeuropäischen Sprachfamilie – ist ebenfalls als Produkt besagter „British Indomania" zu bewerten.[44] Mit dem zunehmenden Machtverlust der britischen *East India Company* und der Umstrukturierung, bzw. Öffnung dieser für andere wirtschaftliche Interessengruppen Großbritanniens Ende des 18. Jahrhunderts bis 1856 ändert sich diese britische Haltung gegenüber Indien jedoch radikal: Die Politik der Nichtintervention in die privaten Belange der Eingeborenen wird nach der Ausschaltung der wichtigsten europäischen und indischen militärischen Konkurrenten ersetzt durch einen Ausbau der britischen Herrschaft und der Verwaltung sowie einem damit einhergehenden Anspruch auf die Missionierung des Landes zum Christentum und zum britischen Lebensstil.[45] Die Indophobie, eine neue Abneigung gegen die indische Kultur und Zivilisation, wird nicht nur auf dem indischen Subkontinent, sondern auch im Mutterland durch Schriften wie den christlich geprägten Aufsatz von Charles Grant von 1796 mit dem sprechenden Titel *Observations on the state of society among the Asiatic subjects of Great Britain, particularly with respect to morals; and the means of improving it* verbreitet – ein

---

[39] Vgl. Runge-Beneke, Regina: Indien in britischen Augen. Über den Zusammenhang von Frauenbildern, Indienprojektionen, Herrschaftsphantasien und Männlichkeitsvorstellungen. Zur Kritik der Geschichtsschreibung. Band 7. Göttingen; Zürich 1996, S.45 ff. Vgl. zu dieser Zeit auch: Parsons, Timothy: The British Imperial Century, 1815-1914. A World History Perspective. Lanham; Boulder; New York; Oxford 1999, S.33, S.26.

[40] Vgl. Runge-Beneke, Regina: Indien in britischen Augen, S.47.

[41] Vgl. Nayar, Pramod K.: English writing and India, 1600-1920. Colonizing aesthetics. London; New York 2008. S.5.

[42] Sen, Amartya: Indische Traditionen und die westliche Imagination. In: Deutsche Zeitschrift für Philosophie. Heft 1 (1999), S.600. Vgl. ebd., S.598, S.600 f.

[43] Vgl. Trautmann, Thomas R.: Aryans and British India. Berkeley; Los Angeles; London 1997, S.2, S.62-98.

[44] Ebd., S.62. Vgl. ebd., S.28-S.61.

[45] Vgl. Runge-Beneke, Regina: Indien in britischen Augen, S.48-53.

Werk, welches die Fremdartigkeit des indischen Volkes, das „in every way different" sei, betont und dessen Bedeutung nicht zu unterschätzen ist, weil es den britischen Herrschaftsapparat in Indien bis 1947 maßgeblich beeinflusst.[46] Ein nicht minder prägender Text für die britische Sicht auf Indien stellt das 1817 erschienene Werk *A history of British India* von James Mill dar, in dem er Indien als „barbarous [nation]"[47] charakterisiert, die auf einem sehr niedrigem Zivilisationsstand sei – eine Aussage, mit der er sich in bester Gesellschaft mit einer Vielzahl britischer Gelehrter zu Beginn des 19. Jahrhunderts befindet.[48] Neben dieser imperialen Sichtweise, welche vor allem als Rechtfertigung für die Anwesenheit der Briten auf dem Kontinent dienen soll, kommt es in Großbritannien selbst – vollkommen konträr zur ,indischen Renaissance' in anderen europäischen Staaten wie Deutschland – gleichzeitig zu einer wachsenden Marginalisierung des Themas ,Indien', das noch im späten 18. Jahrhundert eine zentrale Rolle in der britischen kulturellen und intellektuellen Beschäftigung gespielt hat. Möglicherweise ist diese Entwicklung als Konsequenz der zunehmenden Bürokratisierung und Spezialisierung auf dem Subkontinent zu sehen, deren trockene statistische Fakten das öffentliche Interesse schwer erregen können.[49] Aus dieser wachsenden Interesselosigkeit heraus erklärt es sich auch, dass viele Briten noch 1841 einen sehr niedrigen Informationsstand über die realen indischen Verhältnisse besitzen und Indien eher als ein Land der Wunder und Fabeln oder als einen Ort, an dem ihre Angehörigen ein Vermögen machen können, betrachten[50] – und das, obwohl Indien im 19. Jahrhundert zum Herzstück des Empire wird, so dass die Entmachtung der *East India Company* nach einer sukzessiven Verstärkung der staatlichen Kontrolle und einer Ausweitung der Herrschaft Großbritanniens in der ersten Jahrhunderthälfte nur noch bloße Formsache ist.[51] Diese Gleichgültigkeit gegenüber Indien verschwindet allerdings spätestens mit dem indischen Aufstand 1857/8, der in mehrfacher Hinsicht als Zäsur oder „Wendepunkt" im britisch-indischen Verhältnis bezeichnet werden kann.[52] Bei der fälschlicherweise mit dem Begriff der ,Mutinity' belegten Revolte handelt es sich nur zu Beginn um eine innermilitärische Meuterei im herkömmlichen Sinne, als drei Regimenter in Meerut am 10.5.1857 die Befehle verweigern,

---

[46] Grant, Charles: Observations on the state of society among the Asiatic subjects of Great Britain, S.82.

[47] Mill, James: A history of British India (1820). With Notes and continuation by Horace Hayman Wilson. Fifth edition. Facsimile reprint with introduction by John Kenneth Galbraith. Volume 2. New York 1968, S.105.

[48] Vgl. Trautmann, Thomas R.: Aryans and British India, S.99-130. Informationen über Mill und dessen Einfluss auf das britische Denken im 19. Jahrhundert liefern u.a. Belliappa und Eckel. (Vgl. Belliappa, K.: The Image of India in English Fiction. Studies in Kipling, Myers and Raja Rao. New World Literature. Series 28. New Delhi 1991, S.3. Vgl. Eckel, Winfried: Die Imagologie Indiens zwischen Postkolonialismusdiskurs und interkultureller Hermeneutik. Eine Einführung. In: Eckel, Winfried; Hilmes, Carola; Nell, Werner (Hg.): Projektionen – Imaginationen – Erfahrungen. Indienbilder der europäischen Literatur. Aus der Reihe: Komparatistik im Gardez! Band 6. Remscheid 2008, S.12 f.)

[49] Franklin, Michael J.: General introduction and [meta]historical background [re]presenting 'The palanquins of state; or, broken leaves in a Mughal garden'. In: Franklin, Michael J. (Hg.): Romantic Representation of British India. London; New York 2006, S.17 ff. Vgl. v.a. aber Porter, Bernard: The Absent-Minded Imperialists. Empire, Society, and Culture in Britain. New York 2004, S.2-38.

[50] Vgl. James, Lawrence: The Making and Unmaking of British India. London 1997, S.278.

[51] Vgl. Schweinitz Jr., Karl de : The Rise and Fall of British India. Imperialism as inequality. London; New York 1983, S.176. Siehe auch dazu: Wende, Peter: Das Britische Empire. Geschichte eines Weltreichs. München 2008, S.145-160.

[52] Wende, Peter: Das Britische Empire, S.161. Vgl. James, Lawrence: The Making and Unmaking of British India, S.282.

ihre britischen Offiziere umbringen, in Delhi möglichst viele Europäer töten und die Wiedereinsetzung der Mogulherrscher fordern.[53] Anlass des Aufstands ist die Einführung neuer Patronen in der britischen Armee, zu deren Ladung die Soldaten mit tierischem Fett in Kontakt kommen müssen, was gegen die religiösen Reinheitsgebote sowohl der muslimischen als auch der hinduistischen *Sepoys* verstößt und dementsprechend als Affront aufgefasst wird.[54] Tiefer liegende Ursachen für die heftige Reaktion auf den angeblichen Versuch der Briten, die indischen Soldaten zum Christentum zu bekehren, sind allerdings die durch die Perfektionierung der imperialistischen Verwaltung schon seit Längerem sich entwickelnde Entfremdung zwischen den beiden Kulturen[55] sowie die Unzufriedenheit der Mehrheit der indischen Bevölkerung mit den durch die Briten forcierten Reformen und der angestrebten Modernisierung bzw. Europäisierung – was schließlich auch der Grund dafür ist, dass sich ein nicht geringer Teil der ländlichen Bevölkerung dem Aufstand anschließt und dieser sich schließlich über ein Gebiet, das von Westbengalen bis hin zu Pandschab reicht, ausbreitet.[56] Die ein Jahr andauernde Niederschlagung der Kämpfe, welche längerfristig zum Ruin der Ostindischen Gesellschaft und der Übernahme des indischen Gebiets durch den britischen Staat bzw. der Errichtung des indischen Kaiserreichs unter Königin Victoria führt,[57] erreicht – wie bereits erwähnt – vor allem im Sommer 1857 das Publikum des englischen Mutterlandes. Damit führt im Prinzip also erst die ‚Mutinity' – wie es die Historikerin Runge-Beneke formuliert – „nach der Annexionspolitik der vergangenen Jahrzehnte […] [zur] psychologische[n] Aneignung der indischen Kolonie durch die britische Öffentlichkeit."[58] Bei den exzessiven Grausamkeiten, die auf britischer Seite naturgemäß vor allem den Rebellen zugeschrieben werden, ist es allerdings kein Wunder, dass das Bild des Inders als Kontrastentwurf zur überlegenen englischen Rasse 1857/8 endgültig mit negativen Zuschreibungen belegt wird: Vonseiten der Briten, die dieser Krieg die Geldsumme von 50 Millionen Pfund und das Leben von 11 000 britischen Soldaten kostet, werden kurioserweise nicht diese Verluste,[59] sondern vor allem die Gerüchte von den Verbrechen der Inder an europäischen Frauen und Kindern mit Wut und Schrecken vernommen. Die 48 Britinnen, die laut Presseberichten in Delhi von den Rebellen in den ersten Tagen des Aufstandes vergewaltigt werden, bevor man sie umbringt, brennen sich in das öffentliche Gedächtnis als ‚wahre Begebenheit' ein, auch wenn spätere Texte eine Falschmeldung aufdecken[60] – was sich vielleicht auch dadurch erklärt, dass die Frau und Mutter als ‚Engel des Hauses' einen

---

[53] Zu Entstehung und Niedergang des Mogulreiches (1526-1758): Vgl. Kulke, Hermann: Indische Geschichte bis 1750. München 2005, S.76-96.
[54] Vgl. ebd., S.161 f.
[55] Vgl. Runge-Beneke, Regina: Indien in britischen Augen, S.53.
[56] Vgl. Wende, Peter: Das Britische Empire, S.162.
[57] Vgl. Rothermund, Dietmar: Geschichte Indiens, S.62.
[58] Runge-Beneke, Regina: Indien in britischen Augen, S.57.
[59] Vgl. Parsons, Timothy: The British Imperial Century, S.46.
[60] Vgl. Wende, Peter: Das Britische Empire, S.163. Vgl. James, Lawrence: The Making and Unmaking of British India, S.287.

besonderen Status im viktorianischen England besitzt und stets als besonders schutzbedürftig dargestellt wird.[61] Dass der Aufstand schon von den Zeitgenossen als außergewöhnliches Ereignis verstanden wird, ist an der Flut von detaillierten Veröffentlichungen über die indische Rebellion, die in Form von Geschichtsbüchern, Memoiren und Berichten erscheinen, zu erkennen, welche den Vorfall in der Regel nicht als rechtmäßiges Aufbegehren einer unterdrückten Bevölkerung, sondern als Betrug an den britischen Herren beschreiben.[62] Die ‚Mutinity' bleibt schließlich noch Jahrzehnte nach dem Ereignis als Trauma im kollektiven Gedächtnis Großbritanniens präsent und prägt die weitere Sicht auf die Einwohner des Subkontinents. Trotz des Versuchs der Rückkehr zum Alltagsleben ist das Verhältnis zwischen den Kolonialherren und Kolonisierten auf Seiten der Briten von einer versuchten Ausblendung der einheimischen Bevölkerung und ihrer Kultur geprägt. Auf Gleichstellungsbemühungen der Inder wie die *Ilbert Bill* von 1883 – eine Verordnung, mit der indischen Richtern in ländlichen Gebieten die Befugnis zugestanden werden soll, in Prozessen auch über Briten zu urteilen – reagieren die Engländer in der Regel mit Furcht und Bedrohungsgefühlen bzw. Protesten.[63] Der erstarkende indische Nationalismus – gespalten in eine liberale konstitutionelle Ausprägung, für die vor allem die Gründung des Indischen Nationalkongresses in Bombay 1885 bedeutsam ist und eine national-revolutionäre Tendenz, welche eine Befreiung von der britischen Fremdherrschaft fordert, – trägt natürlich einiges dazu bei, diese negativen Emotionen und Ängste zu verstärken.[64] Insbesondere die Schreckensvorstellung des wilden, sexuell aggressiven Inders mit einer angeborenen Grausamkeit, der eine Gefahr für weiße Frauen und Kinder darstellt und der seine ‚Natur' auch durch den dünnen Firnis von europäischer Sitte und Bildung nicht verleugnen kann,[65] taucht immer dann auf, wenn sich die Briten in ihrer kolonialen Autorität bedroht fühlen: Als der *Rowlatt Act* 1919 die in der Kriegszeit gültigen Sicherheitsmaßnahmen in Britisch-Indien auf unbestimmte Zeit verlängert und als Reaktion darauf Demonstrationen und Unruhen in Punjab und anderen Provinzen stattfinden, die teilweise zu blutigen Massaker der britischen Armeen an den unbewaffneten Protestlern ausarten, werden so alte Ängste vor einem Aufstand des unterdrückten Volkes wieder wach. Und nicht zufällig äußern sich diese Bedrohungsgefühle der Briten durch ein erneutes Aufgreifen des Vergewaltigungsmotiv der ‚Mutinity', das in den 1920ern etwa in Edward Morgan Forsters Roman *A Passage to India* von 1924 noch einmal thematisiert wird.[66]

---

[61] Dies vermutet zumindest Wende. (Vgl. Wende, Peter: Das Britische Empire, S.163.) Zur Idealisierung der Frau im Viktorianismus: Vgl. Gelfert, Hans-Dieter: Kleine Kulturgeschichte Großbritanniens. Von Stonehenge bis zum Millenium Dome. München 1999, S.252-256.
[62] Vgl. Herbert, Christoph: War of No Pity. The Indian Mutiny and Victorian Trauma. Princeton; Oxford 2008, S.134-143.
[63] Vgl. Runge-Beneke, Regina: Indien in britischen Augen, S.58-62.
[64] Vgl. Rothermund, Dietmar: Delhi, 15.August 1947. Das Ende kolonialer Herrschaft. München 1998, S.21-23.
[65] Vgl. Wende, Peter: Das Britische Empire, S.163.
[66] Vgl. Sharpe, Jenny: Allegories of Empire. The Figure of Woman in the Colonial Text. Minneapolis; London 1993, S.2 f. Forsters Roman spielt im Britisch-Indien der 1920er Jahre. Die Handlung dreht sich um einen indischen Arzt, Dr. Aziz, der mit

Eine weitere Reaktion auf den Schock der Rebellion 1857/8 besteht zu guter Letzt auch in dem Festhalten bzw. der Versteifung auf die Idee der Superiorität der angelsächsischen Rasse, die vor allem in der Hochphase des Imperialismus, dem „age of Empire", eine wichtige Rolle spielt.[67] Theoretisch fundiert durch die in Europa Ende des 19. Jahrhunderts populär werdenden Strömungen des Sozialdarwinismus und des Rassismus bringt die seit den 1870er Jahren intensivere Thematisierung des Empire durch die britischen Imperialisten – welche das englische Kolonialreich durch den Wettstreit um Kolonien mit anderen europäischen Mächten bedroht sehen – dementsprechend eine Beförderung der sehr negativen Darstellung des indischen Volkes mit sich.[68] Wie nun die indischen Wolfskinder, die vor allem seit der zweiten Hälfte des 19. Jahrhunderts auftauchen, in diese Indienvorstellungen einzuordnen sind und welche Bedeutung ihre verstärkte Thematisierung bis in die zwanziger Jahre des 20. Jahrhunderts haben könnte, soll nun im Folgenden, beginnend mit den Fällen der realen indischen Wolfskinder, erörtert werden.

3. "India's Wolf-Children found in Caves."[69] Indische Wolfskinder in der britischen Berichterstattung von 1850 bis 1930

3.1 Eine kurze Einführung in die bekannt gewordenen Fälle von indischen Wolfskindern

„It seems that wolves are very numerous about Cawnpore and Lucknow, and that children are constantly carried off by them. Most of these have, of course, served as dinners for their captors, but some have been brought up and educated by them after their own fashion."[70]

So äußert sich Captain Egerton in dem im Februar 1852 im *Chambers's Edinburgh journal* erschienenen Artikel *Children suckled by wolves* über das Auftreten von wilden Kindern in Indien, über deren Existenz in England es bereits seit 1851 Gerüchte gibt.[71] Die in einem der ersten Berichte über indische Wolfskinder beschriebene Häufigkeit des Phänomens scheint sich in den Folgejahren für die britische Öffentlichkeit zu bestätigen: In den 1840er Jahren werden sechs Wolfskinder von Colonel William Henry Sleeman im Königreich von Oudh entdeckt und auch in den 1850ern und 1860ern treten zahlreiche Phänomene dieser Art auf, die von George

---

dem Vorwurf der Vergewaltigung einer Britin konfrontiert wird. (Vgl. Forster, Edward Morgan: A passage to India. New York 1924.)

[67] So der Titel von Hobsbawms bedeutendem Werk. (Hobsbawm, Eric: The age of Empire 1875-1914. London 1987.) Die zunehmende Popularität einer rassistischen Einstellung gegenüber Indien – auch in Gelehrtenkreisen – zeigt sich an der im Rückgang begriffenen Zahl der Wissenschaftler, die der Auffassung sind, dass die als überlegen eingeschätzten *Arya* die ‚Rassevorfahren' der Inder gewesen sein sollen. (Vgl. Trautmann, Thomas R.: Aryans and British India, S.190-216, v.a. aber S.191-194.)

[68] Vgl. Porter, Bernard: The Absent-Minded Imperialists, S.164-193. Der Aufstieg des Rassismus, bzw. Sozialdarwinismus wird bei Schöllgen überblicksartig behandelt. (Vgl. Schöllgen, Gregor: Das Zeitalter des Imperialismus. Dritte, überarbeitete und erweiterte Auflage. München 1994, S.12-14.)

[69] Anonym: India's Wolf-Children found in Caves. In: Literary Digest. Band 95 (8.10.1927), S.54-56.

[70] Anonym: Children suckled by wolves. In: Chambers's Edinburgh journal, Heft 425 (Februar 1852), S.122.

[71] Vgl. Murchison, Roderick I.: A communication from Capt. the Hon. F. Egerton, R.N. In: Annals and Magazine of Natural History. Band 8 (1851), S.153 f.

Archie Stockwell in seinem 1898 erschienenen Artikel *Wolf-children* zusammengetragen werden.[72] Immer wieder geistern die *feral children* Indiens durch die britische Presse und werden mit Artikeln in ganz verschiedenen Magazinen, Zeitungen und Texten in Reiseberichten gewürdigt, so dass bereits Ende des 19. Jahrhunderts beim britischen Publikum der Eindruck entstehen muss, es würden allein in Britisch-Indien „5,000 or 6,000 [children] a year" von Wölfen verschleppt.[73] Meist bleibt es bei einzelnen Berichten über die in der Regel namenlosen Jungen, die üblicherweise nur durch den Ort ihrer Auffindung genauer bezeichnet werden, so dass die neuere Forschungsliteratur sie mit Bezeichnungen wie „Kind aus Batzinpur [oder] [...] Kind aus Sultanpur" genauer bestimmen muss.[74] Ausnahme im 19. Jahrhundert bleibt allein der Wolfsjunge mit dem Namen Dina Sanichar, der 1867 aufgefunden wird, der 30 Jahre im Waisenhaus von Sikandra lebt, und als besonders berühmter Fall auch in mehreren Texten Erwähnung findet.[75] Als Adoptiveltern der indischen wilden Kinder fungieren laut den Quellen am häufigsten Wölfe – bereits in den antiken Mythen jenes Tier, das Menschen am häufigsten als Ersatzmutter gedient haben soll.[76] Ein Einzelfall in zweifacher Hinsicht stellt das Bärenmädchen von Kalkutta dar, über das in dem Magazin *North Indian notes and queries* 1893 berichtet wird und das sich dementsprechend sowohl in Bezug auf Geschlecht als auch in Bezug auf die Art der Adoptiveltern von den üblicherweise männlichen *feral children* unterscheidet.[77] Nach einer kurzen ‚Pause' um den Ersten Weltkrieg herum erlebt das britische Interesse an den indischen Wolfskindern in den 1920ern noch einen letzten Höhepunkt: Die im Jahre 1920 von Reverend Singh entdeckten und aufgenommenen Wolfsmädchen Amala und Kamala von Midnapur, über deren Erziehung und Einführung in die Zivilisation der Geistliche ein 150 Seiten langes, penibel gestaltetes Tagebuch führt, erreichen mit einem Artikel in der Londoner Boulevardzeitung *Westminster Gazette* 1926 wieder eine breitere britische Öffentlichkeit und machen auf weitere indische Fälle wie das Maiwana-Wolfskind

---

[72] Sleeman veröffentlicht seine Erfahrungen mit indischen Wolfskindern zunächst anonym in einem 1852 erschienenen Pamphlet mit dem Titel *An Account of Wolves nurturing Children in their Dens.* 1858 erscheint besagter Bericht abermals als Teil seiner Memoiren, nach welchen der Text im Folgenden zitiert werden soll. (Vgl. Sleeman, William Henry: Journey through the kingdom of Oude in 1849-1850. Band 1. Erstveröffentlichung 1858. Lucknow 1989, S.208-S.222.) Vgl. Stockwell, George Archie: Wolf-children. In: Lippincott's Monthly Magazine. Band 61 (Januar 1898), S.117-124. Zitiert nach http://www.feralchildren.com/de/pag. (aufgerufen am 20.2.2009.)
[73] Ireland, W.W.: The Mental Affections of Children. London 1898, S.371. Auch der Naturwissenschaftler Robert Sterndale schätzt die Zahl der jährlich von Wölfen verschleppten Kinder auf „hundreds of children [...], especially in Central India and the North-west provinces." (Sterndale, Robert: Natural history of the mammalia of India and Ceylon (1884). New Delhi 1982, S.233.)
[74] Malson, Lucien: Die wilden Kinder, S.49.
[75] Als Beweis für die Berühmtheit von Dina Sanichar führt Zingg unter anderem den Umstand an, dass es in der zweiten Hälfte des 20. Jahrhunderts noch möglich war, in den Besitz von Dokumenten über dieses Wolfskind zu gelangen. (Vgl. Zingg, Robert M.: Feral Man and Cases of Extreme Isolation of Individuals. In: Zingg, Robert; Singh, J.A.L.: Wolf Children and Feral Man. Originalausgabe von 1942. New York 1966, S.159.) Unter anderem erwähnt Valentine Ball Dina Sanichar in zwei seiner Publikationen. (Vgl. Ball, Valentine: Geological Survey of India. "Notes on children found living with Wolves in the North Western Provinces and Oudh". In: Proceedings of the Asiatic Society of Bengal (1873), S.128-9. Siehe auch: Ball, Valentine: Tribal and Peasant Life in Nineteenth Century India. Reprint der Ausgabe von 1880. New Delhi 1985, S.458-461.)
[76] Vgl. Blumenthal, P.J.: Kaspar Hausers Geschwister, S.37 f.
[77] Vgl. Anonym: Wolf-Children. In: North Indian notes and queries. Band 2, Nr.12 (1893), S.215 f. Vgl. Newton, Michael: Savage Girls and Wild Boys, S.191 f.

aufmerksam, das in einem 1927 im *Literary Digest* erschienenen Bericht erwähnt wird.[78] Insgesamt verlagert sich das Interesse an indischen Wolfskindern jedoch mit dem Auffinden der Kinder von Midnapur von Großbritanniens Presse hin zu Amerikas Publizistik: Amala und Kamala werden in einer Reihe von Artikeln im *American Journal of Psychology* thematisiert und auch umfangreichere Arbeiten über das Geschwisterpaar stammen eher von amerikanischen Wissenschaftlern wie dem Kinderpsychologen Arnold Gesell oder dem Anthropologen Robert Zingg – wodurch die Ära der überwiegend britischen Publizistik zu diesem Phänomen und dementsprechend auch der in dieser Bachelorarbeit zu untersuchende Zeitraum ein Ende findet.[79] Die scheinbare Vielzahl der hier überblicksartig dargestellten Fälle der indischen Wolfskinder mag teilweise durch den Umstand zu erklären sein, dass das Indien um 1900 mit seiner großen Landschaftsvielfalt, den dicht bewaldeten, unbesiedelten Flächen und der erdrückenden Armut sowie dem großen Bevölkerungswachstum einen idealen Schauplatz für Vorkommnisse dieser Art bietet.[80] Andererseits hängt die große Bandbreite der Vorfälle sicher auch damit zusammen, dass die Authentizität besagter *feral children* Indiens selten genauer überprüft werden konnte.[81] Die Frage, inwiefern es sich bei den isolierten Menschen tatsächlich um wilde Kinder handelt, soll im Folgenden jedoch als sekundär eingestuft werden. Im Zentrum wird eher die Deutung dieser in den verschiedenen Medientypen der britischen Presselandschaft stehen – wobei die Interpretation der indischen mit der Präsenz der europäischen Wolfskinder in der Publizistik Großbritanniens verglichen werden soll, um das Spezifische an der Darstellung der indischen *feral children* herauszustellen.

---

[78] Das Tagebuch von Singh wird von Robert Zingg 1949 posthum veröffentlicht. (Vgl. Singh, J.A.L.: The diary of the wolf-children of Midnapore (India). In: Zingg, Robert; Singh, J.A.L.: Wolf Children and Feral Man. Originalausgabe von 1942. New York 1966, S.1-118.) Besagter Artikel in der Westminster Gazette erscheint am 22.10.1926 gegen den Wunsch Singhs nach Geheimhaltung des Falls. (Vgl. Blumenthal, P.J.: Kaspar Hausers Geschwister, S.211 f.) Zu dem Ende der zwanziger Jahre erschienenem Artikel: Vgl. Anonym: India's Wolf-Children found in Caves. In: Literary Digest. Band 95 (8.10.1927), S.54-56.

[79] Zu den amerikanische Veröffentlichungen: Vgl. Blumenthal, P.J.: Kaspar Hausers Geschwister, S.211-214. Siehe auch: Gesell, Arnold: Wolf Child and Human Child. London 1942.Vgl dazu auch die Veröffentlichungen von Zingg. (Vgl. Zingg, Robert M.: Feral Man and Extreme Cases of Isolation. In: American Journal of Psychology. Band 53, Nr.4 (1940), S.487-517. Vgl. Zingg, Robert; Singh, J.A.L.: Wolf Children and Feral Man. Originalausgabe von 1942. New York 1966.)

[80] Vgl. Fiedler, Leslie: Freaks. Myths and Images of the Secret Self. New York 1979, S.155.

[81] Vgl. ebd., S.155.

3.2 Art und Weise der Thematisierung der *feral children* in der sachlichen Berichterstattung

„This night I saw the wild Boy, whose arrival here hath been the subject of half our Talk this fortnight [.] He is in the Keeping of Dr. Arbuthnot, but the King and Court were so entertained with him, that the Princess could not get him till now. I can hardly think him wild in the Sense they report him."[82]

Mit diesen Sätzen kommentiert der Autor von *Gulliver's Travels*, Jonathan Swift, in einem Brief an Thomas Tickell seine Begegnung mit dem ‚Wilden Peter' von Hameln im London des Jahres 1726. Die Bemerkung des Schriftstellers ist symptomatisch für die umfangreiche Berichterstattung zu dem im Jahre 1724 aufgefundenen und von George dem Ersten nach England gebrachten Wolfsjungen, der offenbar ohne die Unterstützung von tierischen Adoptiveltern in der Wildnis überlebt hat: Denn in der Regel wird Peter eher als idealisiertes Naturkind oder weiser, in Einklang mit der Umwelt lebender Mensch dargestellt – während die Artikel über die indischen *feral children* vollkommen anders gestaltet sind.[83] Im Gegensatz zu dem im England des 18. Jahrhunderts sehr berühmten und von der britischen Hofgesellschaft als ästhetisches und pädagogisches Ideal gepriesenen Jungen, der noch im 19. Jahrhundert als anmutiger und gutmütiger Mensch Erwähnung in populären Kuriositätensammlungen findet,[84] wird das Bestienhafte, Dumpfe, Rohe und Unmenschliche in durchweg allen Berichten über die Wolfskinder Indiens betont: Die Beschreibung eines 1858 gesichteten, 20-jährigen Wolfsjungen von Shahjahanpur, der in zwei verschiedenen Artikeln aus *The Field* und *Lippincott's Magazine* als Mensch, der „in manners and habits a mere animal" sei und sich nur mit Grunzlauten verständigen könne, vorgestellt wird, ist in dieser Hinsicht nur als exemplarisch zu bewerten.[85] So grundverschiedene Journale wie das Sportmagazin *Badminton* oder die von dem *Royal Anthropological Institute of Great Britain and Ireland* herausgegebene, stärker wissenschaftlich ausgerichtete Zeitschrift *Anthropological Review* betonen die Verrohung der indischen Wolfskinder in diversen Artikeln, indem sie deren Erscheinung als „forbidding [...] coarse and brutalized" oder deren „countenance" als „repulsive" und deren „habits" als „filthy" beschreiben.[86] Hierbei wird neben dem Laufen auf vier Beinen stets auch das Essen von rohem Fleisch besonders herausgestellt [87] – ein Motiv,

---

[82] Swift, Jonathan. (16.4.1726) Zitiert nach: Novak, Maximilian E.: The Wild Man Comes to Tea. In: Dudley, Edward J. (Hg.): The wild man within. Pittsburgh 1972, S.183:

[83] Für mehr Informationen zu dem ‚Wilden Peter' und der von ihm angeregten Forschung: Vgl. Pethes, Nicolas: Zöglinge der Natur, S.72-80. Zur zeitgenössischen Darstellung Peters: Vgl. Novak, Maximilian E.: The Wild Man Comes to Tea, S.183-222,

[84] Vgl. Wilson, Henry: Wonderful characters. Comprising Memoirs and Anecdotes of the most remarkable persons of every age and nation. London 1821, S.152-160.

[85] Willock, H.D.: A communication. In: The Field. Band 87, Nr. 2246 (1896), S.36-37. Zitiert nach: Zingg, Robert M.: Feral Man and Cases of Extreme Isolation of Individuals. In: Zingg, Robert; Singh, J.A.L.: Wolf Children and Feral Man. Originalausgabe von 1942. New York 1966, S.157. Vgl. Stockwell, George Archie: Wolf-Children. Zitiert nach: http://www.feralchildren.com/en/pager.php?df=stockwell1898&pg=2 (aufgerufen am 25.2.2009.)

[86] Neilson, H.B.:Wolf-children. In: Badminton Magazine of Sports and Pastimes. Band 2, Nr.7 (1896), S.253. Tylor, Edward Burnet: Wild men and beast-children. In: Anthropological review. Band 1 (1863), S.25.

[87] Vgl. z. B. Sleeman, William Henry: Journey through the kingdom of Oude in 1849-1850. Band 1, S.209, S.214, S.217.

das im Grunde als Variation des Stereotyps vom Kannibalismus der Überseevölker betrachtet werden kann, das von dem 16. bzw. 17. Jahrhundert bis zur zweiten Hälfte des 18. Jahrhunderts in Europa bei der Betrachtung des Fremden besonders weitverbreitet gewesen ist.[88] Der Umstand, dass der abstoßende und verwilderte Zustand der Kinder tendenziell übertrieben dargestellt wird, erscheint dabei allerdings keineswegs spezifisch für den britisch-indischen Wolfskind-Diskurs. Die sehr starke Betonung der Ungepflegtheit und des Animalischen dieser Menschen spielt ja bereits etwa in den Wanderzirkussen des frühen 19. Jahrhunderts bei der Vorführung europäischer Wolfskinder eine wichtige Rolle, deren Wildheit durch Felle, künstliche Krallen und spärliche Bekleidung betont wird.[89] Gleichermaßen lässt sich ebenso beobachten, dass besagte Beschreibungen über die indischen Wolfskinder den Berichten über europäische Wolfskinder in der Frühen Neuzeit nicht unähnlich sind, welche die wilden Kinder – wie Bernardus Connor dies etwa 1698 bei einem litauischen Bärenjungen tut – ebenfalls vor allem negativ, als Monstren beschreiben.[90] Dennoch lassen sich ohne Weiteres entscheidende Punkte benennen, welche das Neue, die Singularität der britischen Berichterstattung innerhalb der historischen Entwicklung des Sprechens über die wilden Kinder deutlich machen.

Zum einen werden die von ihren Artgenossen verlassenen und isolierten Menschen in den zu untersuchenden britischen Berichten im Unterschied zu anderen, frühneuzeitlichen Darstellungen nicht nur als „perfect Janwar[s]", das heißt „wild beast[s]" sondern paradoxerweise gleichermaßen als *menschliche* Kreaturen beschrieben.[91] Durch die Verwendung von Bezeichnungen wie „poor waif[s]" für ein Wolfskind, welches „little except its outward form" vorzuweisen hätte, „to show that it is a human being with a soul" und durch den Gebrauch besonderer dramatischer Mittel, die den in der Regel schon sehr früh eintretenden Tod der Kinder als trauriges und tragisches Ereignis gestalten, werden die indischen Wolfskinder in der britischen Berichterstattung des Öfteren zu bemitleidenswerten, verlassenen Geschöpfen stilisiert.[92] Deren Bedürftigkeit und Schutzlosigkeit werden dabei zusätzlich durch den Umstand betont, dass stets von wolf-*children* gesprochen wird – und dies selbst bei 20-jährigen Erwachsenen.[93] Die Betonung des Opferstatus dient in diesem Fall allerdings eher dazu, die Erziehungsberechtigten auf dem Subkontinent, insbesondere die

---

[88] Vgl. Baudach, Frank: Planeten der Unschuld – Kinder der Natur. Die Naturstandsutopie in der deutschen und westeuropäischen Literatur des 17. und 18. Jahrhunderts. Tübingen 1993, S.430 f.
[89] Vgl. dazu Fiedler, Leslie: Freaks, S.157-177. Vgl. Bodgan, Robert: Freak Show. Presenting Human Oddities for Amusement and Profit. Chicago; London 1988, S.31, S.259-263.
[90] Vgl. Bruland, Hansjörg: Wilde Kinder in der Frühen Neuzeit, S.18-22. Siehe auch Connor, Bernardus: The History of Poland in Several Letters to Persons of Quality. Giving an Account of the Ancient and Present State of that Kingdom […]. London 1698, S.342 ff.
[91] Ball, Valentine: Tribal and Peasant Life in Nineteenth Century India, S.461.
[92] Neilson, H.B.: Wolf-children. S.256.Vgl. Sleeman, William Henry: Journey through the kingdom of Oude in 1849-1850. Band 1, S.211.
[93] So macht beispielsweise ein Leser der Zeitschrift The Field in einem Brief darauf aufmerksam, dass selbst im Falle eines 20-jährigen Wolfsjungen aus Lucknow, den man 1858 auffindet, von einem Wolfs*jungen* gesprochen werde. (Vgl. Willock, H.D.: A communication, S.157.)

indischen Mütter als besonders verantwortungslos darzustellen. Die fehlende Fürsorge der Mütter wird herausgestellt, indem vereinzelt vorwurfsvoll auf den Umstand aufmerksam gemacht wird, dass vor allem indische Frauen der unteren Klassen ihre Kinder nur sehr unzureichend vor Wolfsangriffen schützen würden – beispielsweise wenn der englische Beamte Hercules Ross der landwirtschaftlich ausgerichteten Zeitschrift *The Field* berichtet, dass Angehörige der ärmeren Schichten „in the hot weather [...] sleep outside their huts, often on the ground", wobei die Mütter „with their suckling children by their sides" schliefen, „but not protected by wraps of any kind."[94] Auch Bemerkungen über Mütter, die ihre einmal wieder aufgefundenen Kinder aufgrund ihres abstoßenden Wesens verlassen hätten, erfüllen eine ähnliche Funktion.[95] Dementsprechend erscheint der in den Artikeln über Wolfskinder immer wieder diskutierte Mutterinstinkt der Wölfe beinahe als eine Art positiver Kontrast zu den offensichtlich als sehr gering ausgeprägt eingeschätzten indischen, mütterlichen Gefühlen.[96] Bedenkt man jedoch, dass indisch-britische Beziehungen seit der Jahrhundertwende zunehmend verurteilt und 1843 vollkommen verboten werden,[97] offenbart sich die Funktion der latenten Diskriminierung der familiären Qualitäten indischer Frauen, die in Britisch-Indien allgemein und in den britischen Romanen Ende des 19. Jahrhunderts im Besonderen höchstens als Geliebte gesehen werden dürfen.[98] Berücksichtigt man, dass die Praxis des ‚wet-nursing‘, das heißt „employing native women to wet nurse [Europeans‘] children", im Britisch-Indien des 19. Jahrhunderts noch relativ weit verbreitet ist, gewinnt die abschätzende Darstellung der Inderinnen zudem eine andere Dimension. Denn in der zeitgenössischen Realität übernehmen die einheimischen Mütter demzufolge jene familiären Pflichten der europäischen Frauen, welche sogar die höher stehenden Britinnen im Mutterland bereits in der Regel selbst erfüllten.[99] Es geht dementsprechend um mehr als die bloße Diskriminierung der Inderinnen: Vielmehr werden die tatsächlichen Unzulänglichkeiten britischer ‚memsahibs‘, welche durch ihre verstärkte Ansiedelung im Indien des frühen 19. Jahrhunderts ursprünglich den als ‚unschicklich‘ bewerteten anglo-indischen Beziehungen das Ideal einer britischen kolonialen Häuslichkeit entgegenstellen sollten, durch die Degradierung der Einheimischen im Wolfskind-Diskurs geschickt kaschiert und vertuscht.[100] Ebenso werden im Übrigen die indischen Männer in ihrer Funktion als Beschützer und Bewahrer der Familie diskreditiert, indem explizit darauf verwiesen wird, dass sich vor allem Hindus weigern einen Wolf zu töten, „though he may have

[94] Ross, H.G.: A communication. In: The Field, Nr.2237 (9.11.1895), S.786. Zitiert nach: Zingg, Robert M.: Feral Man and Cases of Extreme Isolation of Individuals. In: Zingg, Robert; Singh, J.A.L.: Wolf Children and Feral Man. Originalausgabe von 1942. New York 1966, S.155.
[95] Vgl. Sleeman, William Henry: Journey through the kingdom of Oude in 1849-1850. Band 1, S.211 ff.
[96] Zum Mutterinstinkt der Wölfe: Vgl. zum Beispiel: Anonym: Wolf-children. Occasional Notes. In: Chamber's journal of popular literature, science and arts. Band 4, Nr.194 (September 1887), S.608.
[97] Vgl. Runge-Beneke, Regina: Indien in britischen Augen, S.48.
[98] Vgl. Singh, Jyotsna G.: Colonial narratives/cultural dialogues. 'Discoveries' of India in the language of colonialism. London [u.a.] 1996, S.12, S.79-89
[99] Fieldes, Valerie: Wet-nursing: A history from Antiquity to the Present. Oxford 1988, S.205.
[100] Vgl. dazu: Singh, Jyotsna G.: Colonial narratives/cultural dialogues, S.11, S.80 f.

eaten their own children", da sie in ihrem Aberglauben Furcht vor einem Fluch hätten, der bei einer solchen Tat auf sie kommen könnte.[101] Neben all diesen angeblichen Missständen, welche dem britischen Leser durch die Texte vermittelt werden, unterscheidet sich die Art der Berichterstattung überdies in einem weiteren Punkt erheblich von vorherigen Texten über europäische wilde Kinder. Im Gegensatz zu den Berichten der Frühen Neuzeit wird nämlich sogar die bloße Präsenz der wilden Kinder in den britischen Berichten der zweiten Hälfte des 19. und Beginn des 20. Jahrhunderts in den Dienst kolonialer Machterhaltung und Machtbeanspruchung gestellt. Die Anwesenheit der Wolfskinder wird dementsprechend stets mit dem niedrigen Zivilisationsgrad und Kulturstand Indiens verbunden – Basis der herkömmlichen Legitimation des Imperialismus: Denn eine Chance auf die Verbesserung der Verhältnisse bietet einzig die Verwaltung und Herrschaft der britischen Kolonialherren, deren Ankunft und Expansion bereits zu einer Milderung der ,Nöte' geführt haben. Dementsprechend stellt der in Indien stationierte britische Beamte Ross 1895 fest: „Population has now increased, cultivation extended, and a much larger number of cattles reared, so that these wild haunts are invaded, the jungle cut down, and the wolves moved on and forced to live further away from habitations, and there is little chance now of wolf-children being heard of.[102] Diese Notwendigkeit der Einhegung des Dschungels wird vor allem durch die Vorstellung von einer besonderen Grausamkeit des Wolfes betont, der in einem Artikel im *Chamber's journal* von 1882 in diesem Zusammenhang als „ruthless, cunning and treacherous" beschrieben wird.[103] In den zeitgenössischen Berichten wird dementsprechend auch stets angemerkt, dass das ,Raubtier' die Kinder nur bei dem Zusammentreffen bestimmter Faktoren am Leben lässt – etwa wenn das Kind von anderen Wolfskindern abgeleckt wird und so den animalischen Geruch annimmt oder im Falle eines vorherigen Verlust eines der Jungen der Wölfin, der sie dazu bringt, als Adoptivmutter des Menschenkindes zu fungieren.[104] Auffällig sind in diesem Zusammenhang im Übrigen die Parallelen, welche in den Artikeln von den indischen Wolfskindern zu vorherigen Fällen gezogen werden: Am häufigsten wird so der Fall von Romulus und Remus im Zusammenhang mit den indischen Wolfskindern erwähnt, aber

---

[101] Sleeman, William Henry: Journey through the kingdom of Oude in 1849-1850. Band 1, S.206. Höchstens Angehörige der unteren Klassen würden dies versuchen, aber eher um das Fleisch des Wolfes zu essen oder den Schmuck der Opfer zu stehlen, als die Kinder zu retten. (Vgl. ebd., S.207 f.)
[102] Ross, H.G.: A communication, S.156.
[103] Anonym: Wolf-children. In: Chamber's Journal of popular literature, science and arts (September 1882), S.597. Zu dieser Sicht auf den Wolf: Vgl. unter anderem auch den Eintrag von Thomas Jerdon zum indischen Wolf, der gerne auch Menschen verzehren würde und sogar Kinder esse. (Vgl. Jerdon, Thomas C.: A handbook of the mammals of India. A natural History of all the Animals Known to Inhabit Indian Sub-continent. Reprint der Ausgabe von 1874. Delhi 1984, S.140-142.)
[104] Diese Theorien werden unter anderem in folgenden Artikeln aufgestellt: Vgl. Neilson, H.B.:Wolf-children, S.251 (Lecken). Vgl. u.a. Ross, H.G.: A communication. S.156.(Verlust des Jungen.) In *The Speaker* wird sogar ein Artikel über die Möglichkeit der Adoption anderer Arten bei Vögeln und anderen Tieren anlässlich der zeitgenössischen, intensiven Thematisierung der Wolfskinder veröffentlicht. (Vgl. Anonym: Fosterage in Beasts and Birds. In: Speaker Nr. 18 (1898), S.641-642.)

weitere Bezüge zu jüngeren, europäischen wilden Kindern werden eher selten hergestellt:[105] Wie um zu belegen, dass derartige Vorkommnisse in Europa einer weit entfernten Vergangenheit angehören, werden jüngere Fälle des 19. Jahrhunderts wie Kaspar Hauser oder selbst Peter von Hameln nicht in Zusammenhang mit den wilden Kindern Indiens gebracht – zu den wenigen Ausnahmen gehört unter anderem der Artikel von Burnet Tylor im *Anthropological Review*, der die deutschen Wolfskinder im Asyl des Grafen Recke benennt, diese aber gleichzeitig mit der Erwähnung der chaotischen Situation nach den Napoleonischen Kriegen – im Zuge derer die deutschen Länder in „a state of misery and demoralization" gefallen seien, den man sich heutzutage als „civilised European" nicht mehr vorstellen könne – zu europäischen Sonderfällen erklärt.[106]

Besteht bei einem Sujet wie den *feral children* allgemein die Schwierigkeit, die Authentizität der Fälle zu belegen, da viele Fakten wie die Möglichkeit des Überlebens von Kleinkindern ohne menschliche Gesellschaft *per se* angezweifelt werden, gilt dies im Besonderen für den britischen Diskurs über die indischen Wolfskinder.[107]

Die indirekte Diskriminierung der einheimischen Bevölkerung in der Berichterstattung setzt sich nämlich gewissermaßen in dem Umstand fort, dass nicht nur die Existenz der von Tieren aufgezogenen Kinder, sondern auch die Glaubwürdigkeit der indischen Zeugen selbst infrage gestellt wird. Während die Existenz von verwahrlosten Jungen auf dem Subkontinent aus den oben genannten Gründen noch für relativ wahrscheinlich gehalten wird,[108] wird die Behauptung der Einheimischen, dass es sich um Wolfskinder handle, als Resultat des weitverbreiteten Aberglaubens gewertet.[109] Dementsprechend haben die Kommentare der britischen Berichterstatter sowohl in wissenschaftlichen als auch in auf die Masse hin ausgerichteten Journalen des 19. Jahrhunderts aufgrund der dahinter stehenden Autorität des Landsmannes beinahe absoluten Wahrheitsanspruch, wohingegen bei den Indern die „exaggerative tendency of the Oriental imagination" als Unsicherheitsfaktor betrachtet wird, welche den Wert einer indischen Zeugenaussage gegen Null tendieren lasse.[110] Dieses grundsätzliche Misstrauen gegenüber indischen Wolfskind-Geschichten im allgemeinen und einheimischen Wahrheiten im Besonderen, das durch die erstarkende indische Unabhängigkeitsbewegung neuen Auftrieb bekommt, sorgt schließlich auch dafür, dass der

---

[105] Vergleiche mit Romulus und Remus sind relativ weitverbreitet, so unter anderem in folgenden Berichten: Vgl. Neilson, H.B.:Wolf-children, S.250. Vgl. Stockwell, George Archie: Wolf-children: Zitiert nach: http://www.feralchildren.com/en/pager.php?df=stockwell1898 (aufgerufen am 26.2.2009.)
[106] Tylor, Edward Burnet: Wild men and beast-children.S.21 Vgl. ebd., S.21 ff.
[107] Vgl. dazu unter anderem Malson, Lucien: Die wilden Kinder, S.54-59.
[108] Vgl. Tylor, Edward Burnet: Wild men and beast-children, S.26.
[109] Vgl. dazu etwa Wigram, P.: A communication. In: The Field. No. 2234 (19.10.1895), S.636. Zitiert nach: Zingg, Robert M.: Feral Man and Cases of Extreme Isolation of Individuals. In: Zingg, Robert; Singh, J.A.L.: Wolf Children and Feral Man. Originalausgabe von 1942. New York 1966, S.168.
[110] Anonym: Wild Men and Wolf-children. In: Chamber's journal of popular literature, science and arts. Band 4, Nr.182 (1887), S.407. Vgl. ebd. S.106 f. Vgl. Muller, Max: Wolf-children, S.513. Vgl. Tylor, Edward Burnet: Wild men and beast-children, S.32.

relativ gut dokumentierte Fall der Wolfsmädchen von Midnapur in den 1920ern zunächst sehr stark angezweifelt wird. Dies hängt jedoch sicher auch damit zusammen, dass die Wolfskinder mit Kiplings *Jungle Book* und Edgar Rice Burroughs *Tarzan* Ende des 19. bzw. Anfang des 20. Jahrhunderts langsam aber sicher in die „realms of mere fiction" zu verschwinden drohen und immer stärker in den Bereich des Fantastischen verwiesen werden.[111] Wie die Darstellung der indischen wilden Kinder in der Belletristik aussieht, soll daher im Folgenden – ebenfalls mit Blick auf vorherige literarische Schriften zu europäischen Wolfskindern – genauer besprochen werden.

4. Ein „Mowgli, [...], der auf einen Kipling wartet[?]"[112] Indische Wolfskinder in der britischen Belletristik Ende des 19./Anfang des 20. Jahrhunderts

„Sie erblickten eine Art zweifüssigen Thiers, das demjenigen, welches die Alten mit dem Namen der Faunen zu benennen pflegten sehr nahe zu kommen schien."[113]

Mit diesen Worten wird der erste Eindruck, den eine Familie von einem schwedischen Wolfskind erhält, in dem 1794 bei Johann Buchler in Leipzig und Prag erschienenen, anonym publizierten Roman mit dem Titel *Der Zögling der Natur oder die Wirkungen der Natur und Bildung* beschrieben. Das große Interesse des 18. Jahrhunderts an den wilden Kindern spiegelt sich – wie an diesem Beispiel zu konstatieren – also erwartungsgemäß auch in belletristischen Schriften wider, in denen die von der Zivilisation isolierten Menschen für den Ausdruck einer bürgerlichen Natursehnsucht bzw. als Protagonisten eines sentimentalen und empfindsamen Aufgreifens Rousseauscher Ideen genutzt werden.[114] Interessant sind die Darstellungen europäischer Wolfskinder vor dem Beginn des 20. Jahrhunderts vor allem daher, weil sie eine ideale Schablone bieten, vor der die britische Wolfskind-Literatur über außereuropäische Phänomene dieser Art besser bewertet werden kann. Bedeutend ist so der Umstand, dass sich der bereits zitierte Roman *Der Zögling der Natur* bei der Beschreibung des Jungen, der von einem Bären aufgezogen wird und mit ungefähr 18 Jahren Eingang in die Zivilisation findet, einige künstlerische Freiheiten gestattet: Im Unterschied zu seinen Artgenossen lernt der Held des Romans, Gustav, relativ früh sprechen und beweist im Zuge seiner Eingliederung in die

---

[111] Newton, Michael: Savage Girls and Wild Boys, S.182. Vgl. ebd., S.182-188. Neuere Untersuchungen, die sich ausführlicher auf den Fall von Amala und Kamala beziehen, stellen die Werke von Candland und Maclean dar. (Vgl. Candland, Douglas K.: Feral children and clever animals. New York [u.a.] 1993, S.65-67. Vgl v.a. MacLean, Charles: The Wolf Children. London 1977.)

[112] Malson, Lucien: Die wilden Kinder, S.43.

[113] Anonym: Der Zögling der Natur oder die Wirkungen der Natur und der Bildung. Für Erzieher und Zöglinge. Prag; Leipzig 1794, S.26.

[114] Vgl. Weckmann, Berthold: „Natur-Geschichten": Kaspar Hauser und die wilden Kinder. In: Struve, Ulrich (Hg.): Der imaginierte Findling. Studien zur Kaspar-Hauser-Rezeption. Aus der Reihe: Beiträge zur Neueren Literaturgeschichte. Dritte Folge. Band 143. Heidelberg 1995, S.21, S.24.

Gesellschaft, dass die Isolierung seine angeborene Güte und sein besonderes Wesen ideal zur Entfaltung gebracht hat. Die Veränderung ist dabei nur adäquater Ausdruck des damals noch weitverbreiteten Glaubens an die naturgegebene Überlegenheit des Menschen und seiner ‚angeborenen' Eigenschaften, deren Entfaltung selbst oder *gerade* bei allein gelassenen Kindern gegeben ist.[115] Hinsichtlich der zu untersuchenden britischen Prosatexte über wilde, indische Menschen – Kiplings *Jungle Books*, das Abenteuer *The Jungle Boy* mit Sexton Blake und John Eytons *Jungle-Born* – wird im Folgenden analysiert werden, ob bzw. inwiefern sich die belletristischen Schriften von derartigen Tendenzen abgrenzen und welche Funktion Abweichungen von genannten Vorläufern zugeschrieben werden kann.

4.1 Die Wolfsjungen des Rudyard Kipling: Indische *feral children* in den Mowgli-Geschichten der *Jungle Books* (1894/5) und in der Kurzgeschichte *In the Rukh* (1893)

„*Also there will be (D.V.) a wolf-tale, 'Mowgli's Brothers'. He was a wolf-boy (we have them in India) but being caught early was civilized.*"[116]

So kündigt der in Indien geborene, britische Autor Rudyard Kipling in einem Schreiben vom 24. November 1892 der Herausgeberin des *St Nicholas Magazine*, Mary Mapes Dodge, die erste Mowgli-Geschichte an und macht mit diesen Worten deutlich, dass die Geschichten über reale indische Wolfskinder – welche Rudyard durch das Werk seines Vaters John Lockwood Kipling *Beast and Man in India* von 1891 bekannt sein dürften – dem Schriftsteller eindeutig als Vorlage für seine Dschungelbücher gedient haben.[117]

Bedenkt man jedoch, dass der Autor in seiner Autobiografie *Something of Myself* den Einfluss fantastischer Werke wie H. Rider Haggards *Nada the Lily* und eine Erzählung über „Masonic lions" angibt, begreift man, dass es mit dem realistischen Anspruch der Kindererzählungen nicht weit her sein kann – was auch aus dem Umstand ersichtlich ist, dass Kipling den Schauplatz der Erzählung, den Seonee Dschungel, nie selbst persönlich betreten hat.[118] In Bezug auf die Idealisierung des wilden Kindes reihen sich die Erzählungen und Gedichte über die Abenteuer des Findelkindes Mowgli, das von Wolfseltern aufgezogen wird und in der aufgezeigten Entwicklung zum verantwortungsbewussten und reifen Jugendlichen

---

[115] Vgl. Pethes, Nicolas: Zöglinge der Natur, S.101-106. Vgl. Malson, Lucien: Die wilden Kinder, S.40.
[116] Kipling, Rudyard: The Letters of Rudyard Kipling, 1865-1936. Herausgegeben von Thomas Pinney. Band 2. Basingstoke 1990, S.71.
[117] Vgl. Kipling, John Lockwood: Beast and Man in India. A popular sketch of Indian animals in their relations with people. London; New York 1891, S.313 f.
[118] Kipling, Rudyard: The writings in prose and verse. Band 32. Something of Myself. New York 1937, S.110. Zur Tatsache, dass Kipling die Gegend weitestgehend aus seiner Fantasie heraus erschaffen hat: Vgl. Gilmour, David: The Long Recessional. The Imperial Life of Rudyard Kipling. London 2002, S.106 f.

heranwächst, so durchaus in die bisherige Tradition der Wolfskind-Geschichten ein.[119] Die

Tendenz, die bereits bei dem *Zögling der Natur* angedeutet wird, wenn Gustav in einem kurzen

Bericht über seine Kindheit von der „Erhabenheit [s]eines Wesens" spricht, die ihn von den

Tieren des Waldes unterschieden hätte, wird in den Mowgli-Geschichten, die diese Zeit ja

eindeutig intensiver berücksichtigen, verstärkt und ausgebaut.[120] Auch wenn der Protagonist

der *Jungle Books* zunächst uneingeschränkt der Tierwelt anzugehören glaubt und

vergleichsweise wenig praktische Schwierigkeiten bei dem Eingewöhnen in diese zu haben

scheint, wird schon in der ersten Geschichte von *The Jungle Book, Mowgli's Brothers,* die

Fremdheit des „man's cub" deutlich gemacht.[121] Die Prophezeiung seiner animalischen

Freunde und Erzieher wie dem schwarzen Panther Bagheera oder Mutter Wolf, dass er einmal

den Tiger Shere Khan besiegen würde und zum Führer des Rudels mutieren würde, macht die

Besonderheit des Wolfsjungen erkennbar.[122] Ebenso stellen die spezifischen Fähigkeiten

Mowglis, der zwar langsamer heranwächst als seine ‚Geschwister', aber dafür Dornen aus den

Pfoten seiner Wolfsgefährten herausziehen oder über andere Tiere mit seinem Blick befehlen

kann, früh die Überlegenheit des späteren „Master of the Jungle" heraus.[123] Während die

Zugehörigkeit zur Gattung Mensch innerhalb des Dschungels die Außergewöhnlichkeit des

Protagonisten begründet, hat die Stilisierung der Erziehung im Wald zu einer positiven

Entwicklung für Mowgli und die idealisierende Zeichnung der Natur im Dschungel – ähnlich

wie die literarischen Texte der Romantik zu der Naturkind-Thematik – eine implizite Kritik an

der bestehenden menschlichen Zivilisation des Romans zum Ziel. [124] Geregelt durch das in den

Jungle Books omnipräsente „Law of the Jungle",[125] welches Mowgli von Baloo dem Bären vor

allem in der Erzählung *Kaa's Hunting* wie in einer Art idealen „public school" beigebracht

wird,[126] stellt der Dschungel in den Erzählungen – wie der Literaturwissenschaftler James

Harrison vollkommen zu Recht bemerkt – eine Art realistisches Paradies dar.[127] Selbst wenn

das Dasein in der Wildnis mit diversen Makeln behaftet ist, – im Unterschied zu dem Zustand

vor dem ‚Sündenfall' von dem Hathi in *How Fear Came* erzählt, handelt es sich bei Mowglis

Umgebung um eine post-darwinsche Welt, in welcher nur der Stärkere überlebt, – hebt es sich

---

[119] Eine ausgezeichnete Einführung in die *Jungle Books* bietet der Eintrag in Kindlers Neues Literaturlexikon. (Vgl. Dittmar; Wilfried: Rudyard Kipling: The Jungle Books. In: Jens, Walter (Hg.): Kindlers Neues Literaturlexikon. Band 9. München 1990, S.404 f.)

[120] Anonym: Der Zögling der Natur, S.58.

[121] Kipling, Rudyard: The Jungle Books, S.38. Vgl. Gauger, Wilhelm: Wandlungsmotive in Rudyard Kiplings Prosawerk. München 1975, S.24-26.

[122] Vgl. Kipling, Rudyard: The Jungle Books, S.39, S.43.

[123] Ebd., S.341. Vgl. ebd., S.43 f.

[124] Auf den Topos des Naturkindes in der englischen Romantik geht unter anderem Fairchild ein. (Vgl. Fairchild, Hoxie Neal: The Noble Savage. A Study in Romantic Naturalism. New York 1928, S. 365-385.) Dass die Erziehung Mowglis durch die Tiere positiv bewertet wird, sieht man schon allein daran, dass mehrmals erwähnt wird, dass er viel geschickter und stärker ist als die Kinder seines Alters im Dorf. (Vgl. Kipling, Rudyard: The Jungle Books, S.83, S.91.)

[125] Kipling, Rudyard: The Jungle Books, S.37.

[126] Paffard, Mark: Kipling's Indian Fiction. New York 1989, S.93. Vgl. Kipling, Rudyard: The Jungle Books, S.55 f. Einige Gesetze sind in dem Gedicht *Law of the Jungle* aufgelistet. (Vgl. ebd., S.189 ff.)

[127] Vgl. Harrison, James: Rudyard Kipling. Boston 1982, S.63 ff.

eindeutig positiv von dem Leben in dem nahegelegenen Dorf ab, das einer strengen Kritik unterzogen wird.[128] Die vorherige Wolfskind-Literatur wählt – wie die Pamphlete zum wilden Peter von Hameln im 18. Jahrhundert beispielsweise – zur Veranschaulichung der Korruption des Menschen in der Gesellschaft seiner Artgenossen die eigene zeitgenössische nationale Umgebung. Ganz im Unterschied dazu ist das explizite Gegenbeispiel zum Leben im Dschungel jedoch eine indische Lebensgemeinschaft – eine Differenz, die nicht genug hervorgehoben kann, da sie die zivilisationskritische Tendenz zur schamlosen Diskriminierung der Inder werden lässt.[129] Während die Briten als weiße Menschen eingeführt werden, von denen berichtet wird, „that they govern all the land and do not suffer people to burn or beat each other",[130] erscheinen die indischen Männer und Frauen als Äquivalent zu den geächteten und ausgestoßenen Affen des Dschungels, den Bandar-Log, welche kindisch ihre Zeit mit Nichtigkeiten vertreiben und zudem als abergläubisch und dumm dargestellt werden.[131] Menschen wie der Jäger Buldeo erweisen sich als feige Gestalten, die nur Ammenmärchen über den Dschungel erzählen können, obgleich er direkt vor ihrer Haustür liegt.[132] Würde, Anmut, Heldentum und Stärke findet der Leser in den Dschungelbüchern nur in gewissen, anthropomorphisierten Tiergestalten – beispielsweise dem weisen, philosophischen Bären Baloo –, die sich zudem noch als besonders treue Gefährten bzw. bewundernswerte „loyal beasts" auszeichnen.[133] Von diesem besonderen Stellenwert der Tierwelt für Mowgli spricht auch die Zerrissenheit des Wolfsjungen, der sich als Frosch – wie sein Name übersetzt heißt, der auf sein Dasein zwischen den Lebensräumen anspielt, – beim Verlassen des Waldes und der Rückkehr zu seinen Artgenossen stets unerklärlich traurig und schwermütig fühlt.[134] Neben der Primitivität der indischen Bevölkerung, die diese selbst den Tieren unterlegen macht, zeigt auch die Tatsache, dass Kipling ausgerechnet ein kleines Dorf zur Repräsentation der Einheimischen verwendet, dass der Schriftsteller von den imperialistischen Klischeevorstellungen seiner Zeit – nämlich derjenigen der archaischen Gesellschaft Indiens, die im absoluten Gegensatz zur britischen Moderne steht – beeinflusst wird.[135] Wird durch die vorherige Einsicht in die Allgegenwart orientalistischer Denkmuster in den *Jungle Books*

---

[128] Zum Darwinismus in den Jungle Books: Vgl. u.a. McClure, John A.: Kipling & Conrad. The Colonial Fiction. Cambridge; Massachusetts; London 1981, S.59 f. Zu dem paradiesischem Zustand in der Vorzeit: Vgl. Kipling, Rudyard: The Jungle Books, S.175-188, v.a. S.181.
[129] Vgl. Bruland, Hansjörg: Wilde Kinder in der Frühen Neuzeit, S.217-224.
[130] Kipling, Rudyard: The Jungle Books, S.219.
[131] Mowgli vergleicht die indischen Dorfbewohner in der Geschichte *Letting in the Jungle* auch explizit mit dem Affenvolk. (Vgl. ebd., S.218.) Siehe dazu auch: Paffard, Mark: Kipling's Indian Fiction, S.94.
[132] Vgl. Kipling, Rudyard: The Jungle Books, S.84 f., S.92.
[133] G.Y.: The Jungle Book. In: Bookman. Band 6, Nr.34 (1894), S.116. Zur Darstellung der Dorfbewohner und der Tiere: Vgl. Moss, Robert F.: Rudyard Kipling and the fiction of adolescence. London; Basingstoke 1982, S.107-110.
[134] Vgl. Kipling, Rudyard: The Jungle Books, S.52 f. Vgl. ebd., S.342. Zum Namen Mowglis, der allerdings nur in der erfundenen Sprache Kiplings ,Frosch' bedeutet: Siehe u.a. McClure, John A.: Kipling & Conrad, S.61.
[135] Vgl. Randall, Don: Kipling's Imperial Boy. Adolescence and Cultural Hybridity. Basingstoke [u.a.] 2000, S.76 f. Dass nicht nur einzelne Figuren, sondern das indische Dorf in seiner Gesamtheit verdammt wird, macht Mowgli in *Letting in the Jungle* deutlich, wenn er die Gewalttaten an seinen leiblichen Eltern nicht durch die Bestrafung der tatsächlichen Missetäter, sondern durch die Zerstörung der gesamten soziopolitischen Einheit rächt. (Vgl. ebd., S.82 f.)

deutlich, dass die bereits um 1900 von Kritikern bemängelte Tendenz Kiplings, die expansionistischen Bestrebungen des Empire durch seine Texte zu rechtfertigen, auch in den Mowgli-Geschichten beobachtet werden kann, so überrascht es nicht, wenn die Identifikationsfigur der *Jungle Books* trotz ihrer Herkunft paradoxerweise nicht als Angehöriger der zeitgenössischen indischen Gesellschaft interpretiert werden darf:[136] Denn der Mowgli der *Jungle Books*, der sich nirgends einfügen kann und der bis zur letzten Geschichte *The Spring Running* ein Außenseiter unter den Menschen bleibt, kann trotz seiner braunen Hautfarbe auf keinen Fall mit den beschriebenen zeitgenössischen Einheimischen in Verbindung gebracht werden.[137] Viel plausibler erscheint dementsprechend die Interpretation, die unter anderem die Literaturwissenschaftlerin Jane Hotchkiss oder der Kipling-Biograph Ricketts vertritt. In einer sehr biografisch geprägten Deutungsweise behaupten diese, dass der Held des Kinderbuches die innere Spaltung der – wie Kipling – in Indien geborenen Briten reflektiert, die zwischen einer von ihrer eigentlichen Heimat England verschiedenen, exotischen und partiell gefährlichen, undurchschaubaren Umwelt und dem Mutterland hin und her gerissen sind und sich täglich mit irrationalen, unzivilisierten Einheimischen ‚herumschlagen' müssen.[138] Dass das Wolfskind eher in diese Richtung gedeutet werden sollte, wird dabei auch durch die Tatsache unterstrichen, dass es sich bei dem ersten und gefährlichsten Feind des Jungen, dem Tiger Shere Khan, um *das* Tier handelt, das im zeitgenössischen Kontext als der Geist Indiens identifiziert wird, den die Briten noch nicht zu unterdrücken vermochten.[139] Nicht zufällig ist der lahme und alte, aber dennoch gefährliche Menschenfresser der Namensvetter eines afghanischen Anführers aus dem 16. Jahrhundert, Sher Khan, der mit der Moguldynastie und der Eroberung und Konsolidierung der Reiche Indiens in Verbindung gebracht wird, die vor der britischen Machtübernahme bestanden und deren gegen das Empire eingestellte Anhänger im Indien des 19. Jahrhunderts noch zahlreich sind.[140] In eine ähnliche Richtung geht die Interpretation, nach der die Gesetze des Dschungels in dem Text des berühmtesten „chronicler of the Empire" als Symbol für Ordnung und Recht in der Zeit der britischen Kolonialherrschaft in Indien gedeutet werden können:[141] Das ‚Law of the Jungle', welches in den Einzelgeschichten als weises, gerechtes und den reellen Umständen

---

[136] Vgl. Mertner, Edgar: Rudyard Kipling und seine Kritiker. Bewunderung und Irritation. Darmstadt 1983, S.27 f. Zu der politischen Einstellung Kiplings: Vgl. Hubel, Theresa: Whose India? The Independence Struggle in British and Indian Fiction and History. Durham; London 1996, S.22 f.

[137] Vgl. Bauer, Helen Pike: Rudyard Kipling. A Study of the Short Fiction. New York [u.a.] 1994, S.67.

[138] Vgl. Hotchkiss, Jane: Jungle of Eden: Kipling, Wolf Boys, and the Colonial Imagination. In: Victorian Literature and Culture. Nr.29 (2001), S.437. Vgl. Ricketts, Harry: The Unforgivable Minute: A Life of Rudyard Kipling. London 1999, S.208.Vgl. Behdad, Ali: Belated Travelers: Orientalism in the Age of Colonial Dissolution. Durham; London 1994, S. 84.

[139] Vgl. Nyman, J.: Re-Reading Rudyard Kipling's ‚English' Heroism: Narrating Nation in The Jungle Book. In: Orbis Litterarum Nr.56 (2001), S.209.

[140] Vgl. Randall, Don: Kipling's Imperial Boy, S.77. Zu Sher Khan: Vgl. Kulke, Hermann: Indische Geschichte bis 1750, S.78 f.

[141] So der Titel eines Aufsatzes, der eben jene unumstrittene imperialistische Tendenz Kiplings thematisiert. (Ramachandran, C.N.: Kipling as the chronicler of the Empire: Ambivalences and archetypes. In: The Literary Criterion. Band 22, Nr.4 (1987), S.12-21.)

und Problemen des Tiervolkes angepasstes Ordnungsprinzip erscheint, wird so für das Funktionieren der aus unterschiedlichen Arten zusammengesetzten Gesellschaft verantwortlich gemacht, ohne das der Dschungel den Gesetzlosen, das heißt den mit den indischen Rebellen assoziierten Bandar-Log und dem Tiger, überlassen werden würde.[142] Im Dschungelbuch, das als Kinderbuch auch eine pädagogische Funktion erfüllt, werden dem Leser dementsprechend Werte und Normen – wie der Vorrang des Wohles der Allgemeinheit vor dem Einzelnen – vermittelt, die der impliziten Legitimation des Empire dienlich sind. Dies ist auch an der Tatsache zu erkennen, dass die darin vorhandenen didaktischen Tendenzen von Robert Baden-Powell, dem Gründer der Pfadfinderbewegung, 1908 für das imperialistisch angehauchte *The Wolf Cub's Handbook* der *Boy Scouts* verwendet werden können.[143]

Wie bereits erwähnt, schafft der anglo-indische Autor der *Jungle Books* vor dem eigentlichen Auftreten des Wolfsjungen eine andere Version Mowglis, welche sich fundamental von der bereits geschilderten unterscheidet. Gemäß dieser Beobachtung wird jener erwachsene ‚Frosch' der Kurzgeschichte *In the Rukh*, die im Mai 1893 in dem Sammelband *Many Inventions* erscheint, auch in der eingängigen Sekundärliteratur als „pale imititation" dessen, was das berühmte indische Findelkind später werden soll oder als klägliche Vorschau auf die fantastische Macht und Faszination des Wolfskindes der Dschungelbücher beschrieben.[144] Im Nachhinein anlässlich des Wiederabdrucks im *McClure's Magazine* von Kipling im Juni 1896 als „first written of the Mowgli stories" in den Kanon der Dschungelbucherzählungen eingefügt, behandelt *In the Rukh* paradoxerweise „the closing chapters of his career":[145] Im Kern geht es in besagter Kurzgeschichte um die endgültige Integration des Wolfsjungen in die menschliche Gesellschaft, seine Verheiratung und Familiengründung mit einer indischen Frau sowie seiner Annahme einer geregelten Berufsanstellung als „forest guard" in den Diensten der *Sahibs* des Empire – was wie eine endgültige Bestätigung der in den *Jungle Books* angedeuteten Superiorität der weißen Rasse erscheint.[146] In dieser „imperialistic [...] resolution on Mowgli's history" kommt der Eingeborene dementsprechend auch zum ersten Mal mit den britischen Kolonialherren in Berührung, was weitreichende Konsequenzen für die Darstellung

---

[142] Vgl. dazu u.a. Allen, Charles: Kipling Sahib. India and the Making of Rudyard Kipling. London 2007, S.332 f., S.359. Zur Konzeption des Dschungelgesetzes: Vgl. Islam, Shamsul: Kipling's ‚Law'. A study of his philosophy of Law. London; Basingstoke 1975, S.121-130.
[143] Mohanty, Satya P.: Drawing the Color Line. Kipling and the Culture of Colonial Rule. In: LaCapra, Dominick (Hg.): The Bounds of Race. Perspectives on Hegemony and Resistance. Ithaca; London 1991, S.330.
[144] Mallett, Phillip: Rudyard Kipling. A Literary Life. Houndmills; Basingstoke; Hampshire 2003, S.76. Vgl. Bauer, Helen Pike: Rudyard Kipling, S.55.
[145] Karlin, Daniel: Introduction. In: The Jungle Books. Edited with an introduction and notes by Daniel Karlin. London 2000, S.346. (Fußnote 6)
[146] Kipling, Rudyard: In the Rukh, S.339. Vgl. ebd., S.330-341. Moss, Robert F.: Rudyard Kipling and the fiction of adolescence, S.114. Randall betont in diesem Zusammenhang treffenderweise, dass Mowgli zugleich in die Menschheit und das britische Empire einheiratet, wobei sich diese Handlungen untereinander bedingen: Indem er den Beruf antritt: bekommt Mowgli, den Status und das Einkommen, die notwendig sind, um seine Frau zu bekommen und indem er die Frau nimmt, bestätigt er die stabile Platzierung in der menschlichen Gemeinschaft und wird zum idealen Kandidaten für den Beruf. (Vgl. Randall, Don: Kipling's Imperial Boy, S.67.)

des wilden Mannes hat.[147] Besonders aus dem Umstand, dass *In the Rukh* eher aus der Perspektive des britischen Rangers Gisbourne, der seit 4 Jahren seinen Dienst in Indien leistet, geschrieben ist und auch Müller, der „gigantic German, who was the head of the Woods and Forests of all India" eine prominente Figur darstellt, erklärt sich, dass Mowgli nicht mehr – wie in den anderen Dschungelbuchgeschichten – als eine Art imperialer Stellvertreter fungiert, sondern nun eindeutig als *indisches* Wolfskind auftritt.[148] Die Konfrontation mit den Europäern lässt ihn dabei als mysteriösen und beinahe magischen Waldgott erscheinen, der in der Blüte seiner Männlichkeit steht und geheimnisvolles Wissen über den Dschungel und seine Bewohner besitzt – wobei Mowgli gleichzeitig im Unterschied zu den *Jungle Books* allerdings auch ein wenig dümmlich und sich selbst und seiner Besonderheit nicht bewusst erscheint.[149] Und auch wenn der indische Wolfsjunge am Ende der Erzählung endlich eine Art „felicitous space" findet, in welchem er den Anforderungen seiner zwei, sich sonst feindlich gegenüberstehenden Welten der Menschen und der Tiere entsprechen kann; steht am Schluss von *In the Rukh* nur eine scheinbare Gleichstellung mit seinen Artgenossen, da Mowgli nun vielmehr endgültig von der imperialen Macht abhängig wird.[150] Die Beziehung zwischen dem wilden Mann und Gisbourne, die „empire-affirming nature of their encounter" verdeutlicht, dass Mowgli die Briten – neben der materiellen Seite der Dependenz – nötig hat, um den Zauber seiner wölfischen Herrschaft über den Dschungel erst schätzen zu können.[151] Als „native without a native problem", der keinen Bezug zur indischen Kultur und ihren Bräuchen und Tradition hat, und daher zum idealen Diener der Regierung und Untergebener der britischen Kolonialherren werden kann, erscheint der Protagonist von *In the Rukh* also als sehr positiver, weil für die Briten nützlicher Eingeborener – ganz im Unterschied zu dem Pantherjungen aus der Detektivgeschichte *The Jungle Boy: or, Sexton Blake's Adventures in India,* von William Murray Graydon, die im nächsten Kapitel genauer erörtert werden soll. [152]

---

[147] Kipling, Rudyard: In the Rukh, S.323. Hotchkiss, Jane: Jungle of Eden, S.436.
[148] Vgl. Randall, Don: Kipling's Imperial Boy, S.72.
[149] Vgl. Moss, Robert F.: Rudyard Kipling and the fiction of adolescence, S.114.Vgl. Kipling, Rudyard: In the Rukh, S.307, S.310, S.313 (Mowglis rätselhafte Kenntnis und Vertrautheit mit dem Wald). Vgl. ebd., S.327. (Muller verwechselt Mowgli mit einem Gott)
[150] Mc Bratney, John: Imperial Subjects, Imperial Space in Kipling's Jungle Book. In: Victorian Studies. Band 35, Nr.3 (1993), S.281. Vgl. ebd., S.284-288.
[151] Randall, Don: Kipling's Imperial Boy, S.73.
[152] Gisbourne mag Mowgli so gerade wegen seiner Unkonventionalität und seiner Ignoranz gegenüber indischen Bräuchen und Traditionen. (Vgl. Kipling, Rudyard: In the Rukh, S.315.)

4.2 Vashti oder das Biest: Der indische Pantherjunge in *Sexton Blake's Adventures in India* (1905) von William Murray Graydon

„In contrast to the 'wholly bookish Orientalism', however, Said admits that 'there is another tradition that claimed its legitimacy from the peculiar compelling fact of residence in, actual existential contact with, the Orient.'"[153]

Derart leitet der Literaturwissenschaftler Bart Moore-Gilbert den von ihm herausgegebenen Sammelband *Writing India* ein, in welchem er Aufsätze präsentiert, welche die ihm zufolge zu gering berücksichtigte Unterscheidung zwischen literarischen Texten von Autoren, die tatsächlich in Britisch-Indien gelebt haben, und solchen, welche nie auf dem indischen Subkontinent gewesen sind, intensiv thematisieren. Auch wenn die von Moore-Gilbert aufgestellte These, dass Werke von Schriftstellern mit „significant ‚lived experience' of the Indian empire" automatisch „variations in, or even challenges to, the discourses of imperialism as described in Orientalism" produzieren würden, sicher zu verallgemeinernd wirkt, scheint sie in Bezug auf die belletristischen Texte zu den indischen Wolfskindern einigen Wahrheitsgehalt zu besitzen.[154] Denn im Unterschied zu den Schriftstellern Rudyard Kipling und John Eyton, welche beide einige Zeit in Indien verbracht haben, hält sich William Murray Graydon in seiner 1905 in der Zeitschrift *Union Jack new series* erschienenen Geschichte *The Jungle Boy: or, Sexton Blake's Adventures in India* eindeutiger an die gängigen Klischees und Darstellungsarten der oben bereits ausführlicher untersuchten indischen Wolfskind-Berichte. Der Text des amerikanischen Autors, der in seiner Wahlheimat England unter diversen Decknamen einige Beiträge zu zeitgenössischen Groschenheften beigesteuert hat, macht bei seiner stereotypen Darstellung Indiens die Gebundenheit an die in Großbritannien veröffentlichten Schriften relativ deutlich – ein Umstand, der an diversen Einzelheiten der Erzählung festgemacht werden soll.[155] Eher den konventionellen Pfaden eines Detektivromans folgend, geht es in *Sexton Blake's Adventures in India* um eine kleine Gruppe von Ermittelnden – allen voran der heldenhafte Detektiv – die versucht ein rätselhaftes Verbrechen aufzudecken, wobei die Auflösung des Falls im Zentrum der Darstellung steht.[156] Nach einer anstrengenden Ermittlung eigentlich auf ein paar Tage Urlaub eingestellt, wird der Detektiv Sexton Blake zufällig Zeuge einer Erpressung des englischen Lords Wargrave, deren Täter, der Inder Lalaje Ram, wenige Tage später auf mysteriöse Art und Weise durch Gift getötet wird.

---

[153] Moore-Gilbert, Bart: Introduction. Writing India, reorienting colonial discourse analysis. In: Moore-Gilbert, Bart (Hg.): Writing India 1757-1990. The literature of British India. Manchester; New York 1996, S.18. Die Bedeutung dieses Umstandes betont Moore-Gilbert auch bereits in einem früheren Werk über Kipling, indem er die Bedeutung der anglo-indischen Literatur für dessen Werk betont. (Vgl. Moore-Gilbert, Bart.: Kipling and Orientalism. London; Sydney 1986, S.1.)
[154] Moore-Gilbert, Bart: Introduction, S.19. Zur These einer spezifischen anglo-indischen Literatur: Vgl. Baneth-Nouailhetas, Emilienne L.: Le roman anglo-indien de Kipling à Scott. Paris 1999, S.26-28.
[155] Zur Biografie von Graydon: Vgl. Lofts, W.O.G.; Adley, D.J.: The Men behind Boys' Fiction. London 1970, S.160 f. Siehe auch: Lofts, W.O.G.: William Murray Graydon. In: Collectors' Digest. Band 22, Nr. 263 (November 1968). Zitiert nach: http://www.sextonblake.co.uk/wmg.html (aufgerufen am 27.2.2009.)
[156] Zu den idealtypischen Elementen eines Detektivromans: Siehe u.a. Nusser, Peter: Der Kriminalroman. Dritte aktualisierte und erweiterte Auflage. Stuttgart; Weimar 2003, S.22, S.34.

Durch seinen Freund, den Journalisten Chester Carton, erfährt der Privatdetektiv, dass Lord Wargrave höchstwahrscheinlich nicht nur etwas mit besagtem Mord zu tun hat, sondern auch mutmaßlich verantwortlich für den Tod seines Bruders, Captain Haviland und dem Verschwinden von dessen Sohn, ist. Eben dieser Junge, rechtmäßiger Erbe des Vermögens von Lord Wargrave, wurde offensichtlich von Lalaje Ram wiedergefunden – ein Wissen, das der verstorbene Inder unter Unterschätzung der Kaltblütigkeit Lord Wargraves wohl zu seinen Gunsten ausnutzen wollte.[157] Gemeinsam mit Inspektor Dart, der in *The Jungle Boy* partiell die Funktion der ‚Watson-Figur', – bei Sexton Blake üblicherweise der Assistent Tinker – übernimmt, reist der britische Detektiv nach Indien, um den bereits vor 13 Jahren verschollenen Nachkommen Captain Havilands ausfindig zu machen.[158] Wie bei seiner Absenz in vorhergehender Inhaltsangabe deutlich geworden sein dürfte, stellt der Pantherjunge Vashti also keinen derart essenziellen Bestandteil der Erzählung dar, wie dies etwa seine Abbildung auf der ersten Seite der Geschichte und seine prominente Stellung als *Jungle Boy* im Titel suggerieren könnte.[159] Der Protagonist der Reihe bleibt dementsprechend natürlich stets der Privatdetektiv Blake, der von Jeffrey Richards in einer BBC-Radiosendung treffenderweise als „the office-boy's Sherlock Holmes' or 'the poor man's Sherlock Holmes'" bezeichnet wurde.[160] Ursprünglich tatsächlich als Ersatz für den kurzzeitig verstorbenen „first hero of popular culture" konzipiert,[161] ähnelt Blake seinem Vorbild in vielerlei Hinsicht, wie auch George Orwell in seinem 1940 erstmals erschienenen Essay über *Boys' weeklies* bestätigt, wenn er aufzählt: „he has hawk-like features, lives in Baker Street, smokes enormously and puts on a dressing-gown when he wants to think."[162] Und wie im Falle der Geschichten Sherlock Holmes – die den Detektivroman erst zu einer populären Gattung machen, indem sie dem Alltäglichen die Aura des Geheimnisvollen verleihen – spielt bei seinem Imitat, Sexton Blake, das Exotische, Ungewöhnliche eine wichtige Rolle:[163] Dies zeigt sich in *Jungle Boy* sowohl in der Wahl der Schauplätze – neben England findet die Geschichte in den Dörfern Dindigal, Kossa und Narpur, „the wildest parts of India", statt –, als auch in den aufregenderen

[157] Vgl. Graydon, William Murray: Sexton Blake's Adventures in India, **Anhang** S.3-23.

[158] Zur Figur von Tinker, dem jungen Assistenten Blakes, der hier nur am Rande vorkommt: Siehe Turner, E.S.: Boys will be boys. The new revised edition. London 1975, S.125.

[159] Vgl. Graydon, William Murray: Sexton Blake's Adventures in India, **Anhang** S.1 f.

[160] Richards Jeffrey: The Other Baker Street Detective. Zitiert nach: http://www.sextonblake.co.uk/blakestory1.html (aufgerufen am 22.2.2009.)

[161] Sugarman, Sally: Introduction. In: Putney, Charles R.; King, Joseph A.; Sugarman, Sally (Hg.): Sherlock Holmes. Victorian Sleuth to Modern Hero. London 1996, S.xi. Dass Sexton Blake nicht als Imitation von, sondern als Ersatz für Holmes gedacht war, ist auch daran zu erkennen, dass die erste Geschichte *The Missing Millionaire* von Harry Blyth, die im Dezember 1893 in dem Groschenmagazin *The Halfpenny Marvel*, publiziert wird, genau in dem Monat erscheint, in dem Holmes scheinbar für immer sein Leben ausgehaucht hat. (Vgl. Maclaren-Ross, J.: Seventy Years of Sexton Blake. In: The London Magazine (1963). Band 3, Nr.8, S.47.)

[162] Orwell, George: Boys' weeklies. (1940) Zitiert nach: http://orwell.ru/library/essays/boys/english/e_boys (aufgerufen am 23.2.2009.)

[163] Alewyn, Richard: Anatomie des Detektivromans [1968/1971]. In: Vogt, Jochen (Hg.): Der Kriminalroman. Poetik, Theorie, Geschichte. München 1998, S.69 ff.

Nebengestalten, zu denen eben jener indische Wolfsjunge, Vashti, eindeutig gehört.[164] Als Adoptiv-Bruder, Freund und Vertrauter des „young Bala sahib, who had been born and christened Richard Haviland", wird der Pantherjunge von Anfang an als Kontrastfigur zu dem verschollenen Erben des Vermögens konstruiert.[165] Wenn Sexton Blake seinem Freund Carton prophezeit, dass der in Indien zurückgelassene und bei dem „shikaree known as Jammu" aufgezogene Erbe bei den hiesigen Zuständen sicher ein „young barbarian" geworden sei, liegt es nahe, den Wolfsjungen, der den Ermittelnden zunächst vom Hörensagen bekannt ist, mit dem verschollenen Richard zu identifizieren – zudem dieser ausgerechnet von Panthern verschleppt worden sein soll.[166] Auch nachdem sich dieser als furchtbar empfundene Verdacht in Luft auflöst, hat der wilde Mensch Vashti immer noch eine wichtige Funktion: In idealtypischer Form scheint er – ob intendiert oder nicht – zum lebenden Beweis der Theorie einer Höherwertigkeit der britischen und Minderwertigkeit der indischen Rasse zu werden. Denn die Gegenfigur verdeutlicht, dass sich Briten und Inder aufgrund ihrer biologischen Voraussetzungen selbst auf der Basis einer ähnlichen Erziehung und Sozialisation unterschiedlich entwickeln müssen: Während „Vashti, the panther boy" schon in jungen Jahren mit gefährlichen Tieren wie Leoparden gespielt hat; mit 10 Jahren der Obhut seines Vaters entflieht, um mit den wilden Tieren zu leben, und als „image of his father" beschrieben wird;[167] hat der im Alter von 3 Jahren zu der Familie gestoßene Bala nicht nur eine andere Haut- und Augenfarbe, sondern kann der Verlockung eines wilden Lebens im Dschungel widerstehen und zeigt auch ein ganz anderes, höflicheres und edleres Gebaren als sein irrationaler, dickköpfiger Adoptivbruder, indem er sich um Verständnis, Toleranz und ein gutes Verhältnis gegenüber den Einheimischen bemüht.[168] Gemäß dieser latent rassistischen Tendenz wird der wahre Sohn Vashtis auch eindeutig sehr wild und bestienartig beschrieben – etwa, wenn er sich mit seinen Tieren durch unverständliche Laute, a „shrill, raucous voice" oder einem „peculiar cry", unterhält. Somit wirkt der Wolfsjunge ganz anders, als dies beispielsweise bei *In the Rukh* der Fall ist, der einzigen Geschichte, die mit *The Jungle Boy* vergleichbar scheint, weil sie ebenfalls nicht aus der Perspektive des Wolfskindes geschrieben ist und nicht nur Inder sondern vor allem Briten eine dominante Rolle innehaben.[169] Im Unterschied zu dem jungen Mann Mowgli, der sich auch mäßigen kann und eine gewisse Erhabenheit ausstrahlt, wirkt Vashti – obwohl er eine kürzere Zeitspanne in der Wildnis verbracht hat – eindeutig

---

[164] Zur Rolle der Exotik in den Holmes-Geschichten im Allgemeinen, besonders in Bezug auf ihre Schauplätze: Siehe v.a. Malborn, Peter J.E.: Sherlock Holmes: Historizität von Exotik und Alltäglichkeit. Marburg 1999, S.10, S.81-100. Vgl. Graydon, William Murray: Sexton Blake's Adventures in India, **Anhang** S.27.
[165] Graydon, William Murray: Sexton Blake's Adventures in India, **Anhang** S.49.
[166] Ebd., **Anhang** S.14, S. 20. Vgl. ebd., Anhang S.19.
[167] Ebd., **Anhang** S.28.
[168] Vgl. ebd., **Anhang** S.28, (Haut- und Augenfarbe), S.50 (Bala und die Verlockung des Dschungels): Balas Güte wird durch die Tatsache veranschaulicht, dass er seinen Ziehvater, Pershad Jung, retten möchte, auch wenn er weiß, dass dieser ihn nur ausgenutzt hat. (Vgl. ebd., S.68.)
[169] Ebd., **Anhang** S.35.

gefährlicher, aggressiver und in Bezug auf seinen Bruder vollkommen unberechtigt besitzergreifend und übertrieben eifersüchtig – wobei die unästhetische, verwahrloste Natur des Jungen in Beschreibungen wie „the slender, half-naked figure […], with his girdle of leaves and his matted hair streaming about his face and hanging down his shoulders" unterstrichen wird.[170] Von dem Bemühen, Vashti nicht zu einer edlen Figur zu machen zeugt auch die Darstellung seines Todes, bei der explizit betont wird, dass er nicht als Märtyrer stirbt. Vielmehr wird er durch Zufall von einer Kugel der Gehilfen des indischen Herrschers Pershad Jung getroffen, der den Erben für sich beanspruchen will. Die abschließende, von Vashti befohlene, rächende Raserei der Panther unter den Bösewichten exponiert überdies noch einmal die gewalttätige Natur des Inders.[171] Erscheint die Gruppe der Nicht-Ermittelnden innerhalb des Detektivgenres ohnehin in der Regel nur auf bestimmte Merkmale reduziert, so bedeutete die stärkere Typisierung für die indischen Nebenfiguren in *Sexton Blake's Adventures in India* auch eine stärker von europäischen Heterostereotypen geprägte Darstellung – wie dies bereits in der Verstärkung der orientalisierenden Sichtweise des Wolfskindes, mit dem sich der Leser nicht einmal in Ansätzen identifizieren kann, betont wird.[172] Im Prinzip lassen sich die so präsentierten Einheimischen in die zeitgenössisch vorherrschende Polarisierung zwischen ‚guten' und ‚bösen', das heißt für die britischen Sahibs nützlichen oder unnützlichen Indern, einordnen.[173] Im Falle einer positiven Darstellung der Einheimischen – wie etwa bei dem Hindu Govind, der Informationen, die Jammu betreffen, verrät oder dem Führer Shahvani, der die Briten durch den Dschungel führt – werden die Figuren allerdings mit Schwächen ausgestattet – etwa Feigheit oder Geldgier –, die ihre Unterlegenheit im Vergleich zu den europäischen Indienspezialisten Blake und Dart offensichtlich macht.[174] Die negativen, indischen Gestalten – beispielsweise der hinduistische Diener des bösen Lords Wargrave, Amar Singh, – zeichnen sich symbolischerweise vor allem durch ihre Begierde nach und Gefahr für Richard Haviland, den Briten, aus und lassen sich dabei allesamt auf historisch gewachsene Vorstellungen vom Orient, die um 1900 in Großbritannien präsent sind, zurückführen: Deutlich wird dieser Umstand vor allem am Beispiel des machthungrigen, luxuriös lebenden und verschlagenen Herrschers Pershad Jung, der Bala von Jammu adoptiert hat, um Lord Wargrave zu erpressen, als „poor sort of a ruler"

---

[170] Ebd., **Anhang** S.34.Die Aggressivität Vashtis sowie dessen eifersüchtige Liebe zu seinem Bruder wird am besten in der Szene veranschaulicht, als die Engländer zum ersten Mal versuchen, mit dem jungen Erben zu reden und Vashti sich dagegen ausspricht, dass Bala nach England zurückkehrt. (Vgl. ebd., **Anhang** S.61-63.)
[171] Vgl. ebd., **Anhang** S.65 f.
[172] Zu der Tatsache, dass die Nicht-Ermittelnden in Detektivromanen in der Regel einer sehr vereinfachenden Darstellung ausgesetzt sind: Vgl. Nusser, Peter: Der Kriminalroman, S.34.
[173] Vgl. Vgl. Runge-Beneke, Regina: Indien in britischen Augen, S.193, S.201.
[174] Vgl. Graydon, William Murray: Sexton Blake's Adventures in India, **Anhang** S.24 f. (Feigheit Schahvanis), S.22 f. (Feigheit und Geldgier Govinds).

eingeführt wird und Briten im allgemeinen feindlich gegenübersteht.[175] Dieser rekurriert eindeutig auf das in Großbritannien spätestens seit dem 18. Jahrhundert weitverbreitete Stereotyp eines *Nawabs*, – ursprünglich eine neutrale, hinduistische Bezeichnung für einen indischen, muslimischen Regenten, der sich durch besonders extremen Despotismus und übertriebene Dekadenz auszeichnen soll.[176] Ob unterwürfige Diener oder größenwahnsinnige Herrscher – wie in der Untersuchung deutlich wurde, gibt es in *Sexton Blake's Adventures in India* kaum Zwischentöne in Bezug auf die Zeichnung der indischen Charaktere, die allesamt deutlich zu machen scheinen, dass die britische Präsenz in Indien für die Herstellung der Gerechtigkeit und der modernen Zivilisation notwendig ist. Dementsprechend bestätigt sich die von dem Anglist Joseph Bristow behauptete, Empire-bestätigende Funktion der Abenteuergeschichten der um die Jahrhundertwende publizierten Groschenhefte bzw. „dreadful pennies" – zu denen die Zeitschrift, *Union Jack series*, welche die Geschichten über Sexton Blake seit April 1894 verlegt, unbestreitbar zählt.[177] Eine Tendenz, die partiell ebenso in der Darstellung indischer Wolfskinder in den 1920er Jahren gefunden werden kann, wie eine Untersuchung von John Eytons *Jungle-Born* im Folgenden belegen wird.

4.3 Jungle Book, reloaded? *Jungle-Born* (1925) von John Seymour Eyton

„Mr. John S. Eyton has written some delightful tales of Indian life in Northern India, of which Kullu of the Carts (1926) and its sequel Bulbulla (1928) have a Kiplingesque flavour."[178]

Mit diesen Worten beschreibt der Chronist des *Indian Civil Service*, Lewis O'Malley, die Errungenschaften des heute weithin vergessenen Schriftstellers und Funktionärs des britischen Empire in Indien, John Seymour Eyton, der in seinen Romanen *Kullu of the Carts* (1926), *Bulbulla* (1928) und *Kullu and the Elephant* (1929) offensichtlich stark von Kiplings Roman *Kim (1901)* beeinflusst worden ist.[179] Auch der 1925 erstmals in London erschienene Roman *Jungle-Born*, kann wohl vollkommen zu Recht als „Fantasy novel along the lines of Kipling's Mowgli" bezeichnet werden.[180] Dennoch ist die Abenteuergeschichte keine bloße Kopie der *Jungle Books*. Eyton geht nämlich durchaus eigene „forest tracks" – wie es der Literaturkritiker

---

[175] Ebd., **Anhang** S.23. Vgl. ebd., S.29, 34 (Aversion Pershad Jungs gegen Fremde), S.46-49 (Auftreten und Charakterisierung Jungs).
[176] Dass die Figur des *Nawab* bereits im England des 18. Jahrhunderts weitverbreitet ist, ist unter anderem an dem verstärkten Auftauchen der europäischen Pendantfigur des *Nabob* zu erkennen – eine Bezeichnung für Angestellte der East India Company, die sich wie Stereotype von östlichen Machthabern verhalten und durch Korruption die Zukunft der Firma gefährden. (Vgl. Singh, Jyotsna G.: Colonial narratives/cultural dialogues, S.10, S.52-78.)
[177] Turner, E.S.: Boys will be boys, S.10. Vgl. ebd., S.122. Vgl. auch Bristow, Joseph: Empire Boys: Adventures in a Man's World. London 1991, S.9-26 v.a. S.25 f.
[178] O'Malley, Lewis Sydney Stewart: The Indian Civil Service 1601-1930.London; Edinburg 1965, S.299.
[179] Wie Cowasjee betont, sind Mitglieder des *Indian Civil Service* sehr häufig gleichzeitig Autoren, die ihre Erfahrungen mit Indien literarisch verarbeiten. (Vgl. Cowasjee, Saros: The Sahibs and the Natives: Short Fiction of the Raj: 1857-1947. In: World Literature Written in English. Band 29, Nr.2 (1989), S.63.)
[180] http://www.feralchildren.com/en/listbooks.php?bk=eyton (aufgerufen am 27.2.2009)

Henry Warren in seiner Rezension in *The Bookman* passend umschreibt –, indem Eyton bestimmte Elemente seines Vorbilds verstärkt, verändert und damit eine völlig neue Fassung schafft.[181] Inhaltlich dreht sich die Erzählung jedoch im Grunde immer noch um einen von Tieren aufgezogenen Jungen und wie Mowgli stellt auch „Nanga [...] the naked one" mangels europäischen Personals die Sympathiefigur der Erzählung dar, durch dessen Augen der Leser die Situation wahrnehmen kann. Die Adoptiveltern des Helden *Jungle-Born* stellen diesmal jedoch Affen und nicht Wölfe dar: Es handelt sich dementsprechend um Pflanzen- und nicht um Fleischfresser, so dass die tierische, bestienartige Komponente der Erziehung zurückgefahren wird.[182] Eindeutiger als auf den Protagonisten der *Jungle Books* bezieht sich John Eyton mit seinem Nanga allerdings auf den eher unbekannteren Mowgli aus *In the Rukh*: Beide Wolfskinder werden als in der Blüte ihrer Männlichkeit befindlich beschrieben – Nanga ist mindestens 16 Jahre alt – und beide verlieben sich innerhalb der Erzählung in ein indisches Mädchen, das unter ihrem gewalttätigen und geldgierigen Vater leidet.[183] Ob es sich dabei um die Jungfrau Parmala in *Jungle-Born* handelt, „a little wisp of a thing", die von dem drogensüchtigen, korrupten und hartherzigen Geldverleiher Piri Ram unterdrückt wird;[184] oder um das 13-jährige namenloses Mädchen, das von ihrem Erziehungsberechtigten Abdul Gafur, dem „fat Mohammedan butler" Gisbournes geschlagen wird:[185] Häusliche Gewalt gegen Frauen scheint eine jener Charakteristiken zu sein, die in der britischen Wahrnehmung von Indien Ende des 19. bzw. Anfang des 20. Jahrhunderts vorherrschend sind. Als Gegenerzählung dazu fungiert im europäischen Raum die Rettung der dunklen Frau durch den weißen Mann – ein Topos, der bereits im Kontext der okzidentalen Empörung gegen die hinduistische Tradition von *Sati*, der traditionellen Witwenverbrennung in indischen Religionsgemeinschaften, Anfang des 19. Jahrhunderts auftaucht. Auf *Jungle-Born* und *In the Rukh* bezogen macht der Umstand, dass die Wolfskinder die Rettung für die unterdrückten Mädchen darstellen, einmal mehr deren Funktion als europäische Identifikationsfiguren deutlich.[186] Im Vergleich zu den Mowgli-Geschichten ist der Gegensatz zwischen dem Protagonisten des Abenteuerromans und den Orientalen bei Eyton allerdings so gestaltet, dass sich die Diskriminierung der Einheimischen in *Jungle-Born* zum Extrem verstärkt: Ob der Drogen-verkaufende Fakir, der die Wertsachen seines Kunden stiehlt oder die feigen Dorfbewohner, welche tatenlos Zeugen von den Misshandlungen Piri Rams an seiner Tochter

---

[181] Warren, C. Henry: Mixed Grill. In: The Bookman. Band 67, Nr.400 (1925), S.220.
[182] Eyton, John: Jungle-Born, **Anhang** S.81. (Vgl. ebd., **Anhang** S.84 f.)
[183] Vgl. ebd., **Anhang** S.87. (Alter Nangas)
[184] Ebd., **Anhang** S.96. Vgl. ebd., S.96 f.
[185] Kipling, Rudyard: In the Rukh, S.301. Vgl. ebd., S.314.
[186] Vgl. Wende, Peter: Das Britische Empire, S.160. Vgl. Young, Robert J. C.: Colonial Desire. Hybridity in Theory, Culture and Race. London; New York 1995, S.152. Die Witwenverbrennung wurde allerdings schon viel früher von Europäern mit Empörung wahrgenommen und entwickelt sich bereits seit dem 17. Jahrhundert zu einem wichtigen, verstörenden Topos in der europäischen Literatur. (Vgl. Teltscher, Kate: India Inscribed. European and British Writing on India 1600-1800. Zweite Auflage. New Delhi 1999, S.8.)

sind – der indische Ort Kotabagh zeigt einen Ort voller lasterhafter, sündiger Einheimischer, auf den die Überschrift „Vultures All" ausgezeichnet passt und bei denen man die Hoffnung auf Besserung getrost aufgeben darf.[187] Im Unterschied zu den *Jungle Books* und *In the Rukh* ist das Dasein im indischen Dschungel bei Eyton – trotz der Schönheit des „land of green and gold"– auch in keinem Augenblick annehmbare Alternative zu einem Leben unter den Menschen.[188] Vollkommen konträr zu den Mowgli-Geschichten erscheinen die Tiere weder als derart stark vermenschlichte, noch als sprechende Wesen und können dementsprechend auch keine Bezugspersonen für das Wolfskind darstellen – ein Umstand, der vor allem daran zu erkennen ist, dass Nanga selbst für seine Affenmutter keine stärkeren Gefühle entwickelt.[189] Als sie stirbt, ist er eher verblüfft als traurig und vergisst sie schnell – ganz entgegengesetzt zu Mowgli, der seine Eltern in einer tränenreichen Szene begräbt.[190] Anders als bei dem Protagonist der *Jungle Books* scheint die Isolation auf Nanga viel stärkere Auswirkungen zu haben: Er kann nicht sprechen und keine Emotionen äußern und hat während seiner ‚Erziehung' ständig das Gefühl der Einsamkeit – ein Umstand, der sich darin äußert, dass Nanga öfters in eine seltsame Nachdenklichkeit verfällt und die Ruine seines Elternhauses aufsucht.[191] Das fehlende Gefühl der Zugehörigkeit ist dabei insofern symptomatisch, als es den Einstellungswandel gegenüber dem indischen Dschungel deutlich macht, der von Kipling zu Eyton stattgefunden zu haben scheint: Dessen oberflächliches und vergnügungssüchtiges, dummes Affenvolk hat kein positives Gegenstück wie das freie Volk der Wölfe oder Bagheera und Baloo. Und während die maskulin dominierte, harte Dschungelwelt bei Mowgli noch etwas von einer idealen Spielwiese zur Verwirklichung von Männlichkeitsfantasien des Jägers und Sammlers hat und von einem abenteuerlichen *Beherrschen* des Wilden berichtet,[192] birgt das indische Unterholz bei Eyton unberechenbare Gefahren, verrückt gewordene Affen, Krokodile und Tiger.[193] Dementsprechend erscheinen Nanga und Parmala in der als Liebesgeschichte angelegten Abenteuererzählung *Jungle Born* weder der Dschungel noch das dörfische Leben in Indien als besonders attraktiv. Für die Geliebte und Nanga, den schönen, nicht mit einem Einheimischen zu verwechselnden Wilden, der mit seinen „empty" wirkenden Augen, eine besondere Art der Leere, der Absenz von Prägungen indischen Lebens versinnbildlicht, muss es daher eine andere Lösung geben:[194] Wenn schon bei dem wilden Mann aus *In the Rukh* die Unberührtheit von der indischen Kultur als positiv betrachtet und mit

---

[187] Vgl. Eyton, John: Jungle-Born, **Anhang** S.124. Vgl. ebd., **Anhang** S.109 f. (Fakir), S.97 (Dorfbewohner).
[188] Ebd., **Anhang** S.77.
[189] Aus einem Mutterinstinkt heraus wird Nanga zwar auch nach dem Tod seiner Eltern von einer Affenmutter, die vor Kurzem ihr Kind verloren hat, gerettet und aufgezogen. Doch ein Gedankenaustausch zwischen dem Tier und dem Mensch findet nicht statt, ebenso wie der Junge nur bedingt eine Bindung zu seiner Adoptivmutter ausbildet. (Vgl. ebd., **Anhang** S.84 f.)
[190] Vgl. ebd., **Anhang** S.85. Vgl. Kipling, Rudyard: The Jungle Books, S.299.
[191] Vgl. Eyton, John: Jungle-Born, **Anhang** S. 106 f. Vgl. ebd., **Anhang** S. 86 f.
[192] Vgl dazu Mc Bratney, John: Imperial Subjects, Imperial Space in Kipling's Jungle Book, S.277.
[193] Vgl. Eyton, John: Jungle-Born, **Anhang** S. 77 (Tiger), S. 137 ff. (Affen), S. 151 f. (Krokodil)
[194] Vgl. ebd., **Anhang** S.81.

der erfrischenden Voraussetzungslosigkeit eines Adams verglichen wird,[195] setzt Eyton diese Assoziationskette fort: Nanga, der Mann ohne „mark or sign of caste, or of family, or of human care",[196] begnügt sich mit seiner Parmala und zieht sich angewidert von den negativen Seiten Indiens in eine Art abgeschlossenen „lost garden" Eden zurück, um mit ihrem vollkommenen Einverständnis eine neue Art des Lebens in der paradiesischen Umgebung, die als Ausnahmeort in der Wildnis existiert und von seinen verstorbenen Eltern angelegt wurde, zu beginnen.[197] Ein durchaus passendes Ende für diesen britischen Prosatext über die Wolfskinder des Subkontinents, der die Enttäuschung der Briten über Indien im allgemeinen und die Einheimischen im Besonderen widerspiegelt und gleichzeitig einer der letzten Romane über indische wilde Kinder darstellt, da diese in den Jahrzehnten nach *Jungle Born* in der britischen Publizistik tatsächlich von der Bildfläche verschwinden – ein Vorgang, dessen Ursachen nach einem abschließenden Vergleich zwischen sachlicher Berichterstattung und belletristischer Darstellung der wilden Kinder Indiens geklärt werden sollen.

5. Die ‚Wilden‘ und die ‚Zivilisierten‘. Abschließende Bewertung des britischen Wolfskind-Diskurses im 19./20. Jahrhundert

5.1 Die spezifischen Charakteristika des Diskurses: Ergebnisse des Vergleichs zwischen sachlicher Berichterstattung und Belletristik

„Es ist bereits im ersten Teil dieser Darstellung darauf hingewiesen worden, daß verallgemeinernde, pejorative Begriffe zur Bezeichnung des Überseebewohners wie ‚Barbar‘, ‚Wilder‘ oder ‚Heide‘ mit Vorliebe dann verwendet wurden, wenn das Faktum der Kulturbegegnung von seiten des Europäers intellektuell nicht zu bewältigen war."[198]

So äußert sich Urs Bitterli in seiner 1976 erschienenen, wegweisenden Studie *Die ‚Wilden‘ und die ‚Zivilisierten‘* zu den Ursachen der europäischen Diskriminierung des ‚Anderen‘ – eine Einsicht, die ohne Weiteres auch auf die in dieser Bachelorarbeit untersuchten britischen Diskurse über indische Wolfskinder übertragen werden darf.

Nicht zufällig schließt sich das Auftauchen der indischen Wolfskinder in der britischen Publizistik direkt an das Erlebnis der indischen ‚Mutinity‘ von 1857/58 an und wird in Reaktion auf die Radikalisierung der indischen Politik um 1920 intensiver thematisiert:[199] Zu bedenken dabei ist, dass der große Aufstand im 19. Jahrhundert sowie die seit der

---

[195] Vgl. Islam, Shamsul: Kipling's ‚Law‘, S.131 f.

[196] Vgl. Eyton, John: Jungle-Born, **Anhang** S.81.

[197] Ebd., Kapitel 1, Abschnitt 1. Vgl. ebd., Kapitel 18 ´(Paradies), Kapitel 20. (Neubeginn):

[198] Bitterli, Urs: Die ‚Wilden‘ und die ‚Zivilisierten‘. Grundzüge einer Geistes- und Kulturgeschichte der europäisch-überseeischen Begegnung. Zweite durchgesehene und um einen bibliographischen Nachtrag erweiterte Auflage. München 1991, S.367.

[199] Die Verbindung zwischen der Mutinity und dem Auftauchen der Wolfskinder bemerkt auch schon Hotchkiss, ohne diese allerdings ausführlicher zu thematisieren und diskutieren. (Vgl. Hotchkiss, Jane: Jungle of Eden, S.436.) Zu den indischen Demonstrationen 1919, welche die Erinnerung an die ‚Mutinity‘ wieder wachrufen: Vgl. u.a. Sharpe, Jenny: Allegories of Empire, S.2.

Jahrhundertwende erstarkende Nationalbewegung keinesfalls rein elitäre Phänomene sind. Vielmehr sprechen sie einen relativ großen Teil der indischen Bevölkerung an, so dass sich die indische Unzufriedenheit sowohl über die Situation in Britisch-Indien im Allgemeinen als auch die politische Unmündigkeit im Besonderen für die Briten Ende des 19. bzw. Anfang des 20. Jahrhunderts erkennbar abzeichnet.[200] Die Funde der wilden Kinder Indiens bieten in diesem Zusammenhang folgerichtig nur einige der wenigen, guten Gelegenheiten, die Leistungen der Briten in Indien positiv darzustellen – eine Art diskursive Besitzergreifung, die in erweiterten Definitionen kolonialer Gewalt vollkommen zu Recht längst als „besonders tückische Spielart kolonialistischer Domination" verstanden wird.[201] Dieser Eindruck ergibt sich zumindest aus der Durchsicht der Ergebnisse britischer sachlicher Berichterstattung in der zweiten Hälfte des 19. bzw. Anfang des 20. Jahrhunderts: Die Reiseberichte, Zeitschriftenartikel und naturwissenschaftlichen Abwandlungen greifen im Prinzip nur Stereotype auf, die als „collective and psychologically deeply rooted images of the world, which reduce the complexities of life and bear a mythopoetic quality" im Grunde bereits schon lange in der Sicht Großbritanniens auf Indien etabliert sind.[202] Auffallend ist so die Parallele zu den bereits in der Antike vorhandenen Vorstellungen der Fremden als minderbemittelte Barbaren – Vorstellungen, die bezeichnenderweise schon wenige Jahrzehnte vor dem Auftauchen der ersten indischen *feral children*, 1818 von James Mills in seiner *History of British India* bemüht werden.[203] Erscheint die ständig wiederkehrende Aufzählung der Zeichen der Verwahrlosung und Tierähnlichkeit der Wolfskinder Indiens aus heutiger Sicht als redundant und nur bedingt interessant, ist diese Facette des Indienbildes in der britischen Publizistik dementsprechend nur *ein* Beispiel für die beliebte Darstellung des Orients „als Ort des Schreckens der primitiven Existenz." In voyeuristischer Manier wird der Gegensatz zur behüteten, behaglichen Heimat England in seinem Grauen und seiner schaurig-schönen Monstrosität genossen, verdeutlicht beispielsweise durch die Präsenz von Deformierung, Krankheit und Tod – Motive, die allesamt in den Wolfskind-Berichten auftauchen.[204] Bestimmte Eigenarten des Wolfskind-Diskurses in der sachlichen Berichterstattung erklären sich dabei auch aus dem spezifisch britischen Orientalismus *paternalistischer* Prägung, der die These von der natürlichen Abhängigkeit des unterlegenen Inders vertritt, welcher Führung durch die überlegenen Weißen benötigt. Die

---

[200] Unter anderem äußert sich Guha in verschiedenen Beiträgen zu dem Umstand, dass auch die Gruppe der ‚subaltern' nach logischen Gesichtspunkten aktiv an den Aufständen und Demonstrationen in Indien zu besagter Zeit beteiligt gewesen sein muss. (Vgl. Guha, Ranajit: On Some Aspects of the Historiography of Colonial India. In: Guha, Ranajit; Spivak, Gayatri Chakravorty (Hg.): Selected Subaltern Studies. New York; Oxford 1988, S.37, S.39, S.44. Siehe dazu auch: Guha, Ranajit: The Prose of Counter-Insurgency. In: Guha, Ranajit; Spivak, Gayatri Chakravorty (Hg.): Selected Subaltern Studies. New York; Oxford 1988, S.45 ff.)

[201] Bitterli, Urs: Die ‚Wilden' und die ‚Zivilisierten', S.318.

[202] Zijderveld, Anton: On the Nature and the Functions of Clichés. In: Blaicher, Günther (Hg.): Erstarrtes Denken. Studien zu Klischee, Stereotyp und Vorurteil in englischsprachiger Literatur. Tübingen 1987, S.26.

[203] Zum Stereotyp des minderbemittelten Barbaren: Vgl. Dubiel, John: Dialektik der postkolonialen Hybridität, S.54-63.Zu Mills: Siehe unter anderem Eckel, Winfried: Die Imagologie Indiens zwischen Postkolonialismusdiskurs und interkultureller Hermeneutik, S.12 f.

[204] Runge-Beneke, Regina: Indien in britischen Augen, S.194. Vgl. ebd., S.195.

durchgängige Infantilisierung der indischen *feral children* – ohne Rücksicht auf deren tatsächliches Alter – und die Betonung der Schutzlosigkeit und Hilfsbedürftigkeit der Wolfskinder entspricht so einer allgemeinen Tendenz in der britischen Sicht auf Indien. Dabei spielt die von Philippe Ariès erforschte ‚Entdeckung der Kindheit' eine wichtige Rolle für diese Wahrnehmung.[205] Denn die Grundlage besagter Legitimation, welche die Einheimischen als bedürftige Kinder und die Kolonialherren als deren treu sorgender Vormund befindlich darstellt, bildet ja erst die in der Moderne entstandene Vorstellung, nach dem der Mensch in jungen Jahren der Förderung und der Erziehung bedarf.[206]

In den literarischen Texten lassen sich zwar auch Tendenzen finden, welche die Kindlichkeit und die Schutzbedürftigkeit der indischen Wolfskinder, die in den Reiseberichten und Artikeln präsent sind, aufgreifen.[207] Vor allem unter Berücksichtigung der Beiträge Bhabhas zur postkolonialen Theorie bieten die belletristischen Schriften der englischsprachigen Autoren allerdings noch viel mehr als eine bloße Reproduktion der in der sachlichen Berichterstattung vertretenen Ansichten: Insbesondere in der anglo-indischen Fiktion gibt es durchaus widersprüchliche Elemente bezüglich der Darstellung indischer Wolfskinder, welche nicht nur dazu dienen, „sympathy and consideration" für die Kolonialherren in Britisch-Indien zu erwecken und ihre Macht diskursiv zu behaupten, sondern im Gegenteil das Unbewusste, die britische Angst vor und die Sehnsucht nach dem Fremden, Exotischen, das Indien verkörpert, anschaulich zu machen scheinen.[208] Während der Subkontinent bereits seit der britischen Romantik im 18. Jahrhundert Projektionsfläche für märchenhafte Fantasien darstellt, verstärkt sich diese Funktion Indiens paradoxerweise auch im 19. Jahrhundert noch, da die anglo-indische Gesellschaft sich auch nach dem indischen Aufstand vor allem auf sich selbst besinnt. Die Einheimischen werden – anstatt reale Beziehungen zu diesen aufzunehmen – in einer stark simplifizierten Sichtweise eher als Objekte denn als eigenständig denkende und handelnde Subjekte wahrgenommen, so dass Assoziationen von Indien mit dem Mystischen, Magischen hartnäckig bestehen bleiben.[209] Wichtig für die in dieser Arbeit untersuchten Quellen erscheint diese Information insbesondere, da die Wolfskinder dem britischen Lesern der *Jungle Books* oder von *Jungle-Born* als Außenseiter der diskriminierten indischen, zeitgenössischen

---

[205] Zur zeitgenössischen Infantilisierung Indiens und deren Zusammenhang mit der Entstehung des modernen Konzepts der Kindheit äußert sich unter anderem Nandy. (Vgl. Nandy, Ashis: The intimate enemy. Loss and Recovery of Self under Colonialism. Delhi [u.a.] 1983, S.11-17.) Zum paternalistisch geprägten Orientalismus Großbritanniens. Siehe unter anderem Lowe und Runge-Beneke. (Vgl. Lowe, Lisa: Critical Terrains, S.108. Siehe auch Runge-Beneke, Regina: Indien in britischen Augen,S.201 f., S.222.)

[206] Ariès, Philippe: Geschichte der Kindheit. 16. Auflage. München 2007. Zur ‚Entdeckung der Kindheit: Vgl. v.a. ebd., S.92-111.

[207] Der europäische Leser fühlt sich den Wolfskindern z. B. überlegen, wenn sie Gegenstände seines Alltags – wie das Feuer beispielsweise - nicht kennen oder identifizieren können. (Vgl. u.a. Eyton, John: Jungle-Born, **Anhang** S.92 ff.)

[208] Anonym: India in English Literature (1859). In: The Calcutta Review. Band 33, Nr.65 (1859), S.29-48.Zitiert nach: Stilz, Gerhard: Grundlagen zur Literatur in englischer Sprache: Indien. München 1982, S.35.

[209] Zu Indien als Projektionsfläche im 19. Jahrhundert äußert sich Runge-Beneke. (Vgl. Runge-Beneke, Regina: Indien in britischen Augen, S.187-190.) Zur britischen Romantik siehe u.a. Franklin und Almeida: Vgl. Almeida, Hermione de; Gilpin, George H.: Indian Renaissance: British Romantic Art and the Prospect of India. Burlington [u.a.] 2005, S.55-57. Vgl. Franklin, Michael J.: General introduction, S.1-44.)

Gesellschaft die einmalige Gelegenheit bieten, mit einem für sie positiv belegten Helden Indien in seiner Wildheit aus nächster Nähe zu erleben und kennenzulernen. Anknüpfend an die von Jean-Jacques Rousseau Mitte des 18. Jahrhunderts wiederbelebte Vorstellung vom ‚edlen Wilden', die auf der Idealisierung primitiver Lebensformen fußt, sind die Protagonisten der Wolfskind-Belletristik allerdings eindeutig angenehmer für den Europäer als die den Westen kritisierenden Vorbilder aus den *Discours sur l'origine et les fondements de l'inégalité parmi les hommes (1754)*, da sich diese – wie deutlich wurde – nun eindeutig gegen den Orient richten.[210] Verlockend wird die Möglichkeit der Identifikation mit den wilden Jungen – gerade im Fall Mowglis – insbesondere durch die bereits angedeutete Erfahrung sich als Pionier in einer fremden Umgebung zu fühlen und Grenzerfahrungen mit dem Exotischen zu erleben. Dass dies vor allem in der zweiten Hälfte des 19. Jahrhunderts für die Briten zu einer attraktiven romantischen Fantasie zu werden scheint, kann man an dem Aufkommen des neuen, erfolgreichen Publikationsgenres der *sporting* oder *shikar memoir*, in der es um Jagderlebnisse im indischen Dschungel geht, erkennen. Die Ursachen für dieses neue Interesse stimmen partiell mit möglichen Gründen für die intensivere Thematisierung der indischen Wolfskinder in der Literatur überein. Zum einen schwindet durch die allmählich vollständige Kartografierung des indischen Subkontinents die Möglichkeit unberührte Gegenden zu erkunden – was die britischen Bestrebungen anregt, neue *Frontiers* für sich zu finden. Zum anderen ist der Versuch der Domestizierung der wilden Natur Kompensation der Widerstandserfahrung der ‚Mutinity' von 1857/8.[211]

Während die in den archaischen Dörfern lebenden männlichen Inder neben den Wolfsjungen als lasterhaft und unmoralisch handelnde Inder in der Regel in der Belletristik keine Vergebung finden, gibt es allerdings scheinbar eine Ausnahmeregelung für misshandelte Frauen, die zumindest in den Romanen vereinzelt durchaus positiv dargestellt werden können – vor allem wenn sie wie Messua oder Parmala Opfer von Gewalttaten der Einheimischen werden. Der seltsame Tatbestand der positiven Darstellung der indischen Frauen, die sich so offenbar auch in anderen zeitgenössischen Texten findet, erklärt sich dabei kurioserweise ebenfalls aus den Ereignisse des großen indischen Aufstandes im 19. Jahrhundert: Der bereits erwähnte Schock der britischen Öffentlichkeit durch die übertriebenen Beschreibungen der Grausamkeiten indischer Männer gegen Frauen und Kinder löst offenbar eine Solidaritätsreaktion gegenüber unterdrückten indischen Frauen aus, für welche die Grenzen der vorgestellten britischen Nation erweitert werden – wie die Geschlechtshistorikerin Sangeeta Ray in ihrem *En-Gendering India*

---

[210] Zum Stereotyp des ‚edlen Wilden' im kolonialen Diskurs: Vgl.. Dubiel, John: Dialektik der postkolonialen Hybridität, S.67-75. Vgl. dazu ebenfalls: Rousseau, Jean-Jacques: Discours sur l'origine et les fondements de l'inégalité parmi les hommes. In: Gagnebin, Bernard; Raymond, Marcel (Hg.): Jean-Jacques Rousseau. Oeuvres complètes. Band 3. Paris 1964, S.111-223.
[211] Vgl. Nayar, Pramod K.: English writing and India, 1600-1920, S.132-168.

zeigt.[212] Dass Mowgli und Co. – trotz ihrer indischen Abstammung – eindeutig indienkritische Figuren sind, wird durch den bereits erwähnten, immer wieder auftauchenden und mit dem Subkontinent identifizierten Tiger deutlich. Dieser wandelt sich seit Beginn des 19. Jahrhunderts in der britischen Wahrnehmung vom mythischen, spirituellen Tier des Hinduismus zum Symbol übermäßiger Grausamkeit, Bösartigkeit und ausufernder Sexualität, das ausgerottet werden muss.[213] Aufgrund dieser Frontstellung erklärt sich auch die Merkwürdigkeit, dass die *feral children* Indiens trotz der mit ihrer dunklen Hautfarbe im 19. Jahrhundert im Allgemeinen assoziierten, gesteigerten Sexualität nicht mit dem Stereotyp des sexuell aggressiven Mannes in Verbindung gebracht werden.[214] Während die Nacktheit der Wolfskinder mit der Unschuld Eva und Adams im Paradies assoziiert wird – angedeutet durch die bereits erwähnten, biblischen Anklänge –, übernehmen andere indische Figuren die Darstellung des triebhaften Inders – wie etwa der alte, lüsterne „Tota, the tanner", der die junge Parmala im Dschungel verführen möchte.[215]

Was insgesamt bei der geleisteten Einzelanalyse und der abschließenden Bewertung der Darstellung der indischen Wolfskinder in der britischen Publizistik auffällt, ist dementsprechend der Umstand, dass selbst das Reden über ein derart seltenes und sonderbares Phänomen von orientalistischen Vorstellungen, einer „collective notion identifying ‚us' Europeans against all ‚those' non-Europeans" extrem geprägt und beeinflusst ist – wobei sich das Sprechen über die *feral children* Indiens vor allem durch den Einbezug in diese konkrete Ideologie und nicht so sehr durch spezifische Einzelelemente von den europäischen Vorgängerdiskursen unterscheidet.[216] Mit eindeutiger Sicherheit lässt sich ebenfalls feststellen, was schon die ganze Bachelorarbeit hindurch angeklungen ist: dass weibliche Wolfskinder keinesfalls die gleiche Beachtung finden wie ihre männlichen Artgenossen. Ein Umstand, der damit zusammenhängen mag, dass Frauen seit dem bürgerlichen Diskurs der Aufklärung im 18. Jahrhundert ohnehin als nur äußerlich als „plus civilisées" wahrgenommen werden, da man der Überzeugung ist, dass sie innerlich „de vraies sauvages" geblieben seien – wie Denis Diderot in seinem Essay *Sur les femmes* bemerkt.[217] Aufgrund der Spannung zwischen den ‚erwünschten' Eigenschaften der Frau – wie Anmut, Tugend, Schamhaftigkeit und Unschuld – und der stets vorhandenen Bedrohung einer lediglich gezügelten, inneren Wildheit, erklärt sich dementsprechend das fehlende Interesse an Wolfsmädchen. Denn da die Frau als Verkörperung

---

[212] Vgl. Ray, Sangeeta: En-Gendering India: Woman and Nation in Colonial and Postcolonial Narratives. Durham; London 2000, S.8.
[213] Vgl. Almeida, Hermione de; Gilpin, George H.: Indian Renaissance, S.35-40. Auch Nanga aus *Jungle-Born* muss gegen einen Tiger kämpfen, während in *The Jungle Boy* bezeichnenderweise der in diesem Fall ‚anwesende' Europäer Blake mit dem Tiger konfrontiert wird. (Vgl. Eyton, John: Jungle-Born, **Anhang** S153-159. Vgl. Graydon, William Murray: Sexton Blake's Adventures in India, **Anhang** S.26, S.32.)
[214] Zu der britischen Assoziierung der Inder mit einer besonderen sexuellen Potenz: Vgl. Young, Robert J. C.: Colonial Desire, S.97-99. Siehe dazu ebenfalls: Gelfert, Hans-Dieter: Kleine Kulturgeschichte Großbritanniens, S.247.
[215] Eyton, John: Jungle-Born, Anhang S.124. Vgl. ebd., S.150-154.
[216] Said, Edward W.: Orientalism, S.7.
[217] Diderot, Denis: Sur les femmes. In: Diderot, Denis: Oeuvres complètes. Tome II. Nendeln 1966, S. 257.

des ‚Anderen' ohnehin als potenzielle Barbarin aufgefasst wird, muss eine wilde Frau oder ein wildes Mädchen aufgrund ihrer mangelnden ‚Besonderheit' nur bedingt interessant erscheinen.[218] Ob dies jedoch eine Ursache für die Nichtbeachtung von Amala und Kamala im Großbritannien der 1920 und 1930er Jahre gewesen ist – das Geschlechterbild hat spätestens seit dem Ersten Weltkrieg einen entscheidenden Wandel durchlaufen – darf bezweifelt werden. Welche anderen Gründe für den plötzlichen Mangel an Interesse an indischen Wolfskindern in britischen Veröffentlichungen verantwortlich gewesen sein könnten, wird im Ausblick im Folgenden erörtert werden.

5.2 Die vergessenen *feral children* Indiens – ein Ausblick

„The greatest interest in the children centers, of course, in the psychological, educational and anthropological questions associated with their mentality."[219]

Wie entschuldigend fügt R. Ruggles Gates, Professor am *Kings's College*, diese Sentenz in sein *Foreword* zu der 1942 erschienenen Studie des amerikanischen Forschers Robert Zingg *Wolf Children and Feral Man* über Amala und Kamala ein – nachdem er sich zwei Seiten lang über „primitive aboriginal peoples" in Indien ausgelassen hat, das in Bezug auf seinen Zivilisationsstand höchstens mit dem Europa vorheriger Jahrhunderte verglichen werden könnte, „when civilization was in a much ruder state."[220] Symptomatisch für die britische Wahrnehmung indischer Wolfskinder ist die Konzeption seines Vorworts insofern, als es sowohl die Absenz eines genuinen wissenschaftlichen, britischen Interesses an den Wolfskindern als auch die spezifische Funktion des Diskurses über wilde Kinder im imperialistischen Kontext deutlich macht. Abschließend lässt sich so insbesondere im Rückblick auf die sachbezogene Berichterstattung konstatieren, dass der sensationslüsterne Blick und nicht so sehr die Verifizierung und gewissenhafte Untersuchung der ‚realen' Fälle in der Publizistik Großbritanniens im Vordergrund stehen – was auch das britische Desinteresse an den Beobachtungen und Leistungen des Reverends Singh in den 1920 und 1930ern, die der Auswertung und Analyse bedurft hätten, erklären würde. Doch neben dem bereits erwähnten Desinteresse an wilden Mädchen allgemein, sind dies längst nicht die einzigen Faktoren, die zum Ende des britischen Diskurses über indische Wolfskinder beitragen. Ausschlaggebend für das Verschwinden der wilden Kinder aus der englischen Presse und Belletristik ist vielmehr vor allem ein allmählicher Einstellungswandel bei der britischen Bevölkerung: Wie der

---

[218] Vgl. Weigel, Sigrid: Die nahe Fremde – das Territorium des ‚Weiblichen'. Zum Verhältnis von ‚Wilden' und ‚Frauen' im Diskurs der Aufklärung. In: Koebner, Thomas; Pickerodt, Gerhart (Hg.): Die andere Welt. Studien zum Exotismus. Frankfurt am Main 1987, S.171-199. Vgl. zur Darstellung kolonialen Weiblichkeit u.a. Dubiel, John: Dialektik der postkolonialen Hybridität, S.63-67.
[219] Gates, Ruggles R.: Foreword. In: Zingg, Robert; Singh, J.A.L.: Wolf Children and Feral Man. Originalausgabe von 1942. New York 1966, S.xv.
[220] Ebd., S.xiv, S.xiii.

Historiker Bernard Porter in seiner 2005 erschienenen Studie *The Absent-Minded Imperialists* deutlich macht, verliert die imperialistische Ideologie nach dem Ersten Weltkrieg – trotz des Umstandes, dass das Britische Empire zu diesem Zeitpunkt seine größte Ausdehnung erreicht – an Boden unter der Bevölkerung Großbritanniens. Intensiviert wird dieser Prozess durch den Tatbestand, dass der immer größer werdenden Indifferenz gegenüber den Geschehnissen in den Kolonien auch umgekehrt keinerlei Bemühungen der Regierung entgegengesetzt werden, die Entwicklungen aufzuhalten.[221] Die Tatsache, dass stereotype Bilder wie die vom gewalttätigen, sexuell potenten Inder und den primitiven Einheimischen – welche ja, wie herausgestellt werden konnte, fester Bestandteil der Belletristik und Berichterstattung zu indischen Wolfskindern sind – zu dieser Zeit im Schwinden begriffen sind, könnte allerdings auch durch die politischen Geschehnisse in Indien erklärt werden: Im Zuge der nationalistischen Agitationswellen der 1920er und 1930er Jahre treten so Akteure der indischen Bildungsschicht in Erscheinung, die das Bild von ‚*dem* Inder' in britischen Augen langfristig nachhaltig verändern müssten, da sie diesem absolut nicht entsprechen – wobei wohl vor allem Gandhi mit seinen in diesem Zeitraum verfolgten Kampagnen, die auf dem Prinzip des gewaltlosen Widerstands fußen, in diese Kategorie fällt.[222] Ebenso könnte auch das intensive Engagement der Inder im Ersten Weltkrieg zu einem Einstellungswandel geführt haben.[223] Diese Theorie müsste allerdings noch in einer gesonderten historiografischen Untersuchung verifiziert werden. Anregungen zu weiteren Forschungsarbeiten, aufgrund von Fragestellungen, die sich aus der vorliegenden Bachelorarbeit ergeben haben, gibt es zahlreiche, da dieses Gebiet – wie bereits erwähnt – noch relativ unausgeschöpft ist. Denkbar wären so vergleichbare Untersuchungen zu der Darstellung und Wahrnehmung afrikanischer *feral children* in literarischen Texten, Artikeln und Reiseberichten. Denn diese scheinen kurioserweise gerade in amerikanischen Romanen – etwa *Tarzan of the Apes (1914)* oder *Bomba the Jungle* Boy (1926) – in dem hier untersuchten Zeitraums fast noch zahlreicher aufzutauchen als ihre indischen ‚Artverwandten'.[224]

---

[221] Vgl. Porter, Bernard: The Absent-Minded Imperialists, S.255-282.

[222] Zum Dekolonisierungsprozess in Indien: Vgl. ebd., S.88-121. Vgl. Albertini, Rudolf von: Das Ende des Empire. Bemerkungen zur britischen Dekolonisation. In: Mommsen, Wolfgang J. (Hg.): Das Ende der Kolonialreiche. Dekolonisation und der Politik der Großmächte. Frankfurt am Main 1990, S.31-37. Vgl. auch: Wende, Peter: Das Britische Empire,S.253-280.

[223] Vgl. Stein, Burton: A History of India. Oxford 1998, S.297 f.

[224] Die 20-bändige Serie *Bomba the Jungle Boy* handelt von einem Jungen, der in Südamerika als Wolfskind aufwächst und später einige Abenteuer in Afrika erlebt. Der erste dieser Abenteuerromane für Jungen erscheint 1926. (Vgl. Rockwood, Roy: Bomba the Jungle Boy. New York 1926.) *Tarzan of the Apes*, das nach dem Vorbild der *Jungle Books* geschrieben wurde, handelt von einem englische Adelige Lord Greystoke, der bei Affen im afrikanischen Urwald aufwächst. Es findet also eine Europäisierung des sich in kolonialer Umgebung befindlichen, überlegenen Wolfskindes statt, die in gewisser Weise als logische Konsequenz aus der spezifischen Darstellung des indischen Protagonisten bei Kipling angesehen werden kann. (Vgl. Burroughs, Edgar Rice: Tarzan of the Apes. New York 1914.) Die imperialistische Tendenz des Tarzan-Romans wurde u.a. bereits von Cheyfitz untersucht. (Vgl. Cheyfitz, Eric: The Poetics of Imperialism: Translation and Colonization from The Tempest to Tarzan. Philadelphia 1997, S.3-21.)

6. Bibliografie

6.1 Quellen

- **Anonym:** India in English Literature (1859). In: The Calcutta Review. Band 33, Nr.65 (1859), S.29-48. Zitiert nach: Stilz, Gerhard: Grundlagen zur Literatur in englischer Sprache: Indien. München 1982, S.33-36.
- **Anonym:** Children suckled by wolves. In: Chambers's Edinburgh journal. Nr.425 (Februar 1852), S.122 f.
- **Anonym:** Wolf-Children. In: North Indian notes and queries. Band 2, Nr. 12 (1893), S.215 f.
- **Anonym:** India's Wolf-Children found in Caves. In: Literary Digest. Band 95 (8.10.1927), S.54-56.
- **Anonym:** Wolf-children. Occasional Notes. In: Chamber's journal of popular literature, science and arts. Band 4, Nr.194 (September 1887), S.608.
- **Anonym:** Wolf-children. In: Chamber's Journal of popular literature, science and arts .Band 19, Heft 977 (September 1882), S.597-599.
- **Anonym:** Wild Men and Wolf-children. In: Chamber's journal of popular literature, science and arts. Band 4, Nr.182 (1887), S.405-407.
- **Anonym:** Fosterage in Beasts and Birds. In: Speaker, Nr.18 (1898), S.641-642.
- **Anonym:** Der Zögling der Natur oder die Wirkungen der Natur und der Bildung. Für Erzieher und Zöglinge. Prag; Leipzig 1794.
- **Ball, Valentine:** Geological Survey of India. "Notes on children found living with Wolves in the North Western Provinces and Oudh". In: Proceedings of the Asiatic Society of Bengal (1873), S.128-9.
- **Ball, Valentine:** Tribal and Peasant Life in Nineteenth Century India. Reprint der Ausgabe von 1880. New Delhi 1985.
- **Blumenbach, Johann Friedrich:** Beyträge zur Naturgeschichte. Zweyter Theil Vom HOMO sapiens ferus LINN, und namentlich vom Hamelschen wilden Peter. Göttingen 1811.
- **Burroughs, Edgar Rice:** Tarzan of the Apes. New York 1914.
- **Connor, Bernardus:** The History of Poland in Several Letters to Persons of Quality. Giving an Account of the Ancient and Present State of that Kingdom [...]. London 1698.
- **Diderot, Denis:** Sur les femmes. In: Diderot, Denis: Oeuvres complètes. Tome II. Nendeln 1966, S. 257 f.

- **Eyton, John:** Jungle-Born. London 1924. Zitiert nach: http://www.p-synd.com/wild/jungleborncont.html (aufgerufen am 21.2.2009.) **[Anhang]**
- **Forster, Edward Morgan:** A passage to India. New York 1924.
- **Gates, Ruggles R.:** Foreword. In: Zingg, Robert; Singh, J.A.L.: Wolf Children and Feral Man. Originalausgabe von 1942. New York 1966, S.xiii-xvi.
- **Gesell, Arnold:** Wolf Child and Human Child. London 1942.
- **Grant, Charles:** Observations on the state of society among the Asiatic subjects of Great Britain, particularly with respect to morals; and on the means of improving it. (1796) Facsimile reprint. Irish University Press Series of British Parliamentary Papers. Band 5. Colonies: East India. Shannon 1970.
- **Graydon, William Murray:** The Jungle Boy: or, Sexton Blake's Adventures in India. In: Union Jack new series, Band 4, Nr. 85 (1905). Zitiert nach: http://www.erbzine.com/mag18/jungleboy.htm (aufgerufen am 20.2.2009.) **[Anhang]**
- **G.Y.:** The Jungle Book. In: Bookman. Band 6, Nr.34 (1894), S.116.
- **Ireland, W.W.:** The Mental Affections of Children. London 1898.
- **Jerdon, Thomas C.:** A handbook of the mammals of India. A natural History of all the Animals Known to Inhabit Indian Sub-continent. Reprint der Ausgabe von 1874. Delhi 1984.
- **Kipling, John Lockwood:** Beast and Man in India. A popular sketch of Indian animals in their relations with people. London; New York 1891.
- **Kipling, Rudyard:** The writings in prose and verse. Band 32. Something of Myself. New York 1937.
- **Kipling, Rudyard:** The Jungle Books. Edited with an introduction and notes by Daniel Karlin. London 2000.
- **Kipling, Rudyard:** In the Rukh. (1893). In: Kipling, Rudyard: The writings in prose and verse. Band 6. Jungle Book. New York 1920, S.298-341.
- **Kipling, Rudyard:** The Letters of Rudyard Kipling, 1865-1936. Herausgegeben von Thomas Pinney. Band 2. Basingstoke 1990.
- **Mill, James:** A history of British India (1820). With Notes and continuation by Horace Hayman Wilson. Fifth edition. Facsimile reprint with introduction by John Kenneth Galbraith. 6 Volumes. New York 1968.
- **Murchison, Roderick I.:** A communication from Capt. the Hon. F. Egerton, R.N. In: Annals and Magazine of Natural History. Band 8 (1851), S.153 f..
- **Neilson, H.B.:** Wolf-children. In: Badminton Magazine of Sports and Pastimes. Band 2, Nr. 7 (1896), S.249-257.

- **Orwell, George:** Boys' weeklies. (1940) Zitiert nach: http://orwell.ru/library/essays/boys/english/e_boys (aufgerufen am 23.2.2009.)
- **Rockwood, Roy:** Bomba the Jungle Boy. New York 1926.
- **Ross, H.G.:** A communication. In: The Field, Nr.2237 (9.11.1895), S.786. Zitiert nach: Zingg, Robert M.: Feral Man and Cases of Extreme Isolation of Individuals. In: Zingg, Robert; Singh, J.A.L.: Wolf Children and Feral Man. Originalausgabe von 1942. New York 1966, S.155 f..
- **Rousseau, Jean-Jacques:** Discours sur l'origine et les fondements de l'inégalité parmi les hommes. In: Gagnebin, Bernard; Raymond, Marcel (Hg.): Jean-Jacques Rousseau. Oeuvres complètes. Band 3. Paris 1964, S.111-223.
- **Singh, J.A.L.:** The diary of the wolf-children of Midnapore (India). In: Zingg, Robert; Singh, J.A.L.: Wolf Children and Feral Man. Originalausgabe von 1942. New York 1966, S.1-118.
- **Sleeman, William Henry:** Journey through the kingdom of Oude in 1849-1850. Band 1. Erstveröffentlichung 1858. Lucknow 1989.
- **Sterndale, Robert:** Natural history of the mammalia of India and Ceylon (1884). New Delhi 1982.
- **Stockwell, George Archie:** Wolf-children. In: Lippincott's Monthly Magazine. Band 61 (Januar 1898), S.117-124. Zitiert nach http://www.feralchildren.com/de/pag. (Aufgerufen am 20.2.2009.)
- **Tylor, Edward Burnet:** Wild men and beast-children. In: Anthropological review. Band 1 (1863), S.21-32.
- **Warren, C. Henry:** Mixed Grill. In: The Bookman. Band 67, Nr.400 (1925), S.220.
- **Wendeborn, Gebhard Friedrich August:** Vorlesungen über die Geschichte des Menschen und seine natürliche Bestimmung. Hamburg 1807.
- **Wigram, P.:** A communication. In: The Field. Nr. 2234 (19.10.1895), S.636. Zitiert nach: Zingg, Robert M.: Feral Man and Cases of Extreme Isolation of Individuals. In: Zingg, Robert; Singh, J.A.L.: Wolf Children and Feral Man. Originalausgabe von 1942. New York 1966, S.168 f.
- **Willock, H.D.:** A communication. In: The Field. Band 87, Nr.2246 (1896), S.36-37. Zitiert nach: Zingg, Robert M.: Feral Man and Cases of Extreme Isolation of Individuals. In: Zingg, Robert; Singh, J.A.L.: Wolf Children and Feral Man. Originalausgabe von 1942. New York 1966, S.157-159.
- **Wilson, Henry:** Wonderful characters. Comprising Memoirs and Anecdotes of the most remarkable persons of every age and nation. London 1821.

7.2 Sekundärliteratur

- **Albertini, Rudolf von:** Das Ende des Empire. Bemerkungen zur britischen Dekolonisation. In: Mommsen, Wolfgang J. (Hg.): Das Ende der Kolonialreiche. Dekolonisation und der Politik der Großmächte. Frankfurt am Main 1990, S.31-37.
- **Alewyn, Richard:** Anatomie des Detektivromans [1968/1971]. In: Vogt, Jochen (Hg.): Der Kriminalroman. Poetik, Theorie, Geschichte. München 1998, S.52-72.
- **Allen, Charles:** Kipling Sahib. India and the Making of Rudyard Kipling. London 2007.
- **Almeida, Hermione de; Gilpin, George H.:** Indian Renaissance: British Romantic Art and the Prospect of India. Burlington [u.a.] 2005.
- **Ariès, Philippe:** Geschichte der Kindheit. 16. Auflage. München 2007.
- **Baudach, Frank:** Planeten der Unschuld – Kinder der Natur. Die Naturstandsutopie in der deutschen und westeuropäischen Literatur des 17. und 18. Jahrhunderts. Tübingen 1993.
- **Bauer, Helen Pike:** Rudyard Kipling. A Study of the Short Fiction. New York [u.a.] 1994.
- **Behdad, Ali:** Belated Travelers: Orientalism in the Age of Colonial Dissolution. Durham; London 1994.
- **Bell, Duncan:** The Idea of Greater Britain. Empire and the Future of World Order 1860-1900. Princeton; Oxford 2007.
- **Belliappa, K.:** The Image of India in English Fiction. Studies in Kipling, Myers and Raja Rao. New World Literature. Series 28. New Delhi 1991.
- **Bhabha, Homi K.:** Die Verortung der Kultur. Zweite Ausgabe. Tübingen 2007.
- **Bitterli, Urs:** Die ,Wilden' und die ,Zivilisierten'. Grundzüge einer Geistes- und Kulturgeschichte der europäisch-überseeischen Begegnung. Zweite durchgesehene und um einen bibliographischen Nachtrag erweiterte Auflage. München 1991.
- **Blumenthal, P.J.:** Kaspar Hausers Geschwister. Auf der Suche nach dem wilden Menschen. Zweite Auflage. Wien; Frankfurt 2003.
- **Bodgan, Robert:** Freak Show. Presenting Human Oddities for Amusement and Profit. Chicago; London 1988.
- **Bristow, Joseph:** Empire Boys: Adventures in a Man's World. London 1991.
- **Bruland, Hansjörg:** Wilde Kinder in der Frühen Neuzeit. Geschichten von der Natur des Menschen. Stuttgart 2008.
- **Cain, P.J.; Hopkins, A.G.:** British Imperialism 1688-2000. Zweite Auflage. London 2002.

- **Candland, Douglas K.:** Feral children and clever animals. New York [u.a.] 1993.
- **Cheyfitz, Eric:** The Poetics of Imperialism: Translation and Colonization from The Tempest to Tarzan. Philadelphia 1997.
- **Cowasjee, Saros:** The Sahibs and the Natives: Short Fiction of the Raj: 1857-1947. In: World Literature Written in English. Band 29, Nr. 2 (1989), S.61-69.
- **Crane, Ralph J.:** Inventing India. A History of India in English-Language Fiction. New York 1992.
- **David, Deirdre:** Children of Empire. Victorian Imperialism and Sexual Politics in Dickens and Kipling. In: Harrison, Antony H.; Taylor, Beverly (Hg.): Gender and Discourse in Victorian Literature and Art. Illinois 1992, S.124-142.
- **Dittmar, Wilfried:** Rudyard Kipling: The Jungle Books. In: Jens, Walter (Hg.): Kindlers Neues Literaturlexikon. Band 9. München 1990, S.404 f.
- **Dubiel, John:** Dialektik der postkolonialen Hybridität. Die intrakulturelle Überwindung des kolonialen Blicks in der Literatur. Bielefeld 2007.
- **Eckel, Winfried:** Die Imagologie Indiens zwischen Postkolonialismusdiskurs und interkultureller Hermeneutik. Eine Einführung. In: Eckel, Winfried; Hilmes, Carola; Nell, Werner (Hg.): Projektionen – Imaginationen – Erfahrungen. Indienbilder der europäischen Literatur. Aus der Reihe: Komparatistik im Gardez! Band 6. Remscheid 2008, S.7-21.
- **Fairchild, Hoxie Neal:** The Noble Savage. A Study in Romantic Naturalism. New York 1928.
- **Fiedler, Leslie:** Freaks. Myths and Images of the Secret Self. New York 1979.
- **Fieldes, Valerie:** Wet-nursing: A history from Antiquity to the Present. Oxford 1988.
- **Fischer, Manfred:** Literarische Imagologie am Scheideweg. Die Erforschung des ‚Bildes vom anderen Land' in der Literatur-Komparatistik. In: Blaicher, Günther (Hg.): Erstarrtes Denken. Studien zu Klischee, Stereotyp und Vorurteil in englischsprachiger Literatur. Tübingen 1987, S.55-71.
- **Franklin, Michael J.:** General introduction and [meta]historical background [re]presenting 'The palanquins of state; or, broken leaves in a Mughal garden'. In: Franklin, Michael J. (Hg.): Romantic Representation of British India. London; New York 2006, S.1-44.
- **Freeden, Michael:** Ideology, Political Theory and Political Philosophy. In: Gaus, Gerald; Kukathas, Chandran (Hg.): Handbook of Political Theory. London 2004, S.3-17.
- **Gauger, Wilhelm:** Wandlungsmotive in Rudyard Kiplings Prosawerk. München 1975.

- **Gelfert, Hans-Dieter:** Kleine Kulturgeschichte Großbritanniens. Von Stonehenge bis zum Millenium Dome. München 1999
- **Gilmour, David:** The Long Recessional. The Imperial Life of Rudyard Kipling. London 2002.
- **Gineste, Thierry:** Victor de l'Aveyron. Dernier enfant sauvage, premier enfant fou. Nouvelle edition revue et augmentée. Paris 2004.
- **Guha, Ranajit:** On Some Aspects of the Historiography of Colonial India. In: Guha, Ranajit; Spivak, Gayatri Chakravorty (Hg.): Selected Subaltern Studies. New York; Oxford 1988, S.37-44.
- **Guha, Ranajit:** The Prose of Counter-Insurgency. In: Guha, Ranajit; Spivak, Gayatri Chakravorty (Hg.): Selected Subaltern Studies. New York; Oxford 1988, S.45-86.
- **Hahn, Hans Henning; Hahn, Eva:** Plädoyer für eine historische Stereotypenforschung. In: Hahn, Hans Henning (Hg.): Stereotyp, Identität und Geschichte. Die Funktion von Stereotypen in gesellschaftlichen Diskursen. Frankfurt am Main 2002, S.17-56.
- **Harrison, James:** Rudyard Kipling. Boston 1982.
- **Herbert, Christoph:** War of No Pity. The Indian Mutiny and Victorian Trauma. Princeton; Oxford 2008.
- **Hobsbawm, Eric:** The age of Empire 1875-1914. London 1987.
- **Hotchkiss, Jane:** Jungle of Eden: Kipling, Wolf Boys, and the Colonial Imagination. In: Victorian Literature and Culture. Nr.29 (2001), S.435-449.
- **Hubel, Theresa:** Whose India? The Independence Struggle in British and Indian Fiction and History. Durham; London 1996.
- **Islam, Shamsul:** Kipling's ‚Law'. A study of his philosophy of Law. London; Basingstoke 1975.

- **Richards, Jeffrey:** The Other Baker Street Detective. Zitiert nach: http://www.sextonblake.co.uk/blakestory1.html (aufgerufen am 22.2.2009.)
- **Karlin, Daniel:** Introduction. In: The Jungle Books. Edited with an introduction and notes by Daniel Karlin. London 2000, S.7-27.
- **Koch, Friedrich:** Das wilde Kind. Hamburg 1997.

- **Kreutzer, Eberhard:** Bhabha, Homi K. In: Nünning, Ansgar (Hg.): Metzler Lexikon Literatur- und Kulturtheorie. Ansätze – Personen – Grundbegriffe. Dritte, aktualisierte und erweiterte Auflage. Stuttgart; Weimar 2004, S.61 f.
- **Kulke, Hermann:** Indische Geschichte bis 1750. München 2005.

- **Baneth-Nouailhetas, Emilienne L.:** Le roman anglo-indien de Kipling à Scott. Paris 1999.

- **Lofts, W.O.G.; Adley, D.J.:** The Men behind Boys'Fiction. London 1970.

- **Lofts, W.O.G.:** William Murray Graydon. In: Collectors' Digest. Band 22, Nr.263 (November 1968). Zitiert nach: http://www.sextonblake.co.uk/wmg.html (aufgerufen am 27.2.2009.)

- **Loomba, Ania:** Colonialism/Postcolonialism. Zweite Auflage. London; New York 2005.

- **Lowe, Lisa:** Critical Terrains. French and British Orientalisms. Ithaca; London 1991.

- **MacKenzie, John M.:** Orientalism. History, theory and the arts. Manchester; New York 1995.

- **Maclaren-Ross, J.:** Seventy Years of Sexton Blake. In: The London Magazine (1963). Band 3, Nr.8, S.47-55.

- **MacLean, Charles:** The Wolf Children. London 1977.

- **Malborn, Peter J.E.:** Sherlock Holmes: Historizität von Exotik und Alltäglichkeit. Marburg 1999.

- **Mallett, Phillip:** Rudyard Kipling. A Literary Life. Houndmills; Basingstoke; Hampshire 2003.

- **Malson, Lucien:** Die wilden Kinder. In: Malson, Lucien (Hg,): Die wilden Kinder. Frankfurt am Main 1972, S.7-104.

- **Mc Bratney, John:** Imperial Subjects, Imperial Space in Kipling's Jungle Book. In: Victorian Studies. Band 35, Nr. 3 (1993), S.277-294.

- **McClure, John A.:** Kipling & Conrad. The Colonial Fiction. Cambridge; Massachusetts; London 1981.

- **Mertner, Edgar:** Rudyard Kipling und seine Kritiker. Bewunderung und Irritation. Darmstadt 1983.

- **Mohanty, Satya P.:** Drawing the Color Line. Kipling and the Culture of Colonial Rule. In: LaCapra, Dominick (Hg.): The Bounds of Race. Perspectives on Hegemony and Resistance. Ithaca; London 1991, S.311-343.

- **Moore-Gilbert, Bart:** Introduction. Writing India, reorienting colonial discourse analysis. In: Moore-Gilbert, Bart (Hg.): Writing India 1757-1990. The literature of British India. Manchester; New York 1996, S.1-29.

- **Moore-Gilbert, Bart:** Kipling and Orientalism. London; Sydney 1986.

- **Moore-Gilbert, Bart:** 'The Bhabhal of Tongues': reading Kipling, reading Bhabha. In: Moore-Gilbert, Bart (Hg.): Writing India 1757-1990. The literature of British India. Manchester; New York 1996, S.111-138.

- **Moss, Robert F.:** Rudyard Kipling and the fiction of adolescence. London; Basingstoke 1982.
- **Nandy, Ashis:** The intimate enemy. Loss and Recovery of Self under Colonialism. Delhi [u.a.] 1983.
- **Nayar, Pramod K.:** English writing and India, 1600-1920. Colonizing aesthetics. London; New York 2008.
- **Newton, Michael:** Savage Girls and Wild Boys. A History of Feral Children. Zweite Auflage. London 2003.
- **Novak, Maximilian E.:** The Wild Man Comes to Tea. In: Dudley, Edward J. (Hg.): The wild man within. Pittsburgh 1972, S.183-222.
- **Nusser, Peter:** Der Kriminalroman. Dritte aktualisierte und erweiterte Auflage. Stuttgart; Weimar 2003.
- **Nyman, J.:** Re-Reading Rudyard Kipling's ‚English' Heroism: Narrating Nation in The Jungle Book. In: Orbis Litterarum Nr.56 (2001), S.205-220.
- **O'Malley, Lewis Sydney Stewart:** The Indian Civil Service 1601-1930. London; Edinburg 1965.
- **Paffard, Mark:** Kipling's Indian Fiction. New York 1989.
- **Parsons, Timothy:** The British Imperial Century, 1815-1914. A World History Perspective. Lanham; Boulder; New York; Oxford 1999.
- **Pethes, Nicolas:** Zöglinge der Natur. Der literarische Menschenversuch des 18. Jahrhunderts. Göttingen 2007.
- **Porter, Bernard:** The Absent-Minded Imperialists. Empire, Society, and Culture in Britain. New York 2004.
- **Ramachandran, C.N.:** Kipling as the chronicler of the Empire: Ambivalences and archetypes. In: The Literary Criterion. Band 22, Nr.4 (1987), S.12-21.
- **Randall, Don:** Kipling's Imperial Boy. Adolescence and Cultural Hybridity. Basingstoke [u.a.] 2000.
- **Ray, Sangeeta:** En-Gendering India: Woman and Nation in Colonial and Postcolonial Narratives. Durham; London 2000.
- **Reinhard, Wolfgang:** Kleine Geschichte des Kolonialismus. Zweite, vollständig überarbeitete und erweiterte Auflage. Stuttgart 2008.
- **Ricketts, Harry:** The Unforgivable Minute: A Life of Rudyard Kipling. London 1999.
- **Rothermund, Dietmar:** Geschichte Indiens. Vom Mittelalter bis zur Gegenwart. München 2002.
- **Rothermund, Dietmar:** Grundzüge der indischen Geschichte. Darmstadt 1976.

- **Rothermund, Dietmar:** Delhi, 15.August 1947. Das Ende kolonialer Herrschaft. München 1998.

- **Runge-Beneke, Regina:** Indien in britischen Augen. Über den Zusammenhang von Frauenbildern, Indienprojektionen, Herrschaftsphantasien und Männlichkeitsvorstellungen. Zur Kritik der Geschichtsschreibung. Band 7. Göttingen; Zürich 1996.

- **Said, Edward W.:** Kultur und Imperialismus. Einbildungskraft und Politik im Zeitalter der Macht. Frankfurt am Main 1994.

- **Said, Edward W.:** Orientalism. Western conceptions of the Orient. Dritte Auflage. London 1991.

- **Schöllgen, Gregor:** Das Zeitalter des Imperialismus. Dritte, überarbeitete und erweiterte Auflage. München 1994.

- **Schweinitz Jr., Karl de:** The Rise and Fall of British India. Imperialism as inequality. London; New York 1983.

- **Sen, Amartya:** Indische Traditionen und die westliche Imagination. In: Deutsche Zeitschrift für Philosophie. Heft 1 (1999), S.595-615.

- **Singh, Jyotsna G.:** Colonial narratives/cultural dialogues. ‚Discoveries' of India in the language of colonialism. London; New York 1996.

- **Stein, Burton:** A History of India. Oxford 1998.

- **Stilz, Gerhard:** Grundlagen zur Literatur in englischer Sprache: Indien. München 1982.

- **Sugarman, Sally:** Introduction. In: Putney, Charles R.; King, Joseph A.; Sugarman, Sally (Hg.): Sherlock Holmes. Victorian Sleuth to Modern Hero. London 1996, S.ix-xiii.

- **Sullivan, Zorreh T.:** Narratives of Empire. The fictions of Rudyard Kipling. Cambridge 1993.

- **Teltscher, Kate:** India Inscribed. European and British Writing on India 1600-1800. Zweite Auflage. New Delhi 1999.

- **Trautmann, Thomas R.:** Aryans and British India. Berkeley; Los Angeles; London 1997.

- **Turner, E.S.:** Boys will be boys. The new revised edition. London 1975.

- **Varela, Maria do Mar Castro; Dhawan, Nikita:** Postkoloniale Theorie. Eine kritische Einführung. Bielefeld 2005.

- **Weckmann, Berthold:** „Natur-Geschichten": Kaspar Hauser und die wilden Kinder. In: Struve, Ulrich (Hg.): Der imaginierte Findling. Studien zur Kaspar-Hauser-

Rezeption. Aus der Reihe: Beiträge zur Neueren Literaturgeschichte. Dritte Folge. Band 143. Heidelberg 1995, S.15-38.

- **Weckmann, Berthold:** Kaspar Hauser. Die Geschichte und ihre Geschichten. Würzburg 1993.

- **Weigel, Sigrid:** Die nahe Fremde – das Territorium des ‚Weiblichen‘. Zum Verhältnis von ‚Wilden‘ und ‚Frauen‘ im Diskurs der Aufklärung. In: Koebner, Thomas; Pickerodt, Gerhart (Hg.): Die andere Welt. Studien zum Exotismus. Frankfurt am Main 1987, S.171-199.

- **Wende, Peter:** Das Britische Empire. Geschichte eines Weltreichs. München 2008.

- **Wendt, Reinhard:** Vom Kolonialismus zur Globalisierung. Europa und die Welt seit 1500. Paderborn; München; Wien; Zürich 2007.

- **Werner, Birgit:** Die Erziehung des Wilden von Aveyron. Ein Experiment auf der Schwelle zur Moderne. Frankfurt am Main 2004.

- **Williams, Patrick:** Kim and Orientalism. In: Mallett. Phillip (Hg.): Kipling Considered. London [u.a.] 1989, S.33-55.

- **Wurgaft, Lewis D.:** The Imperial Imagination. Magic and Myth in Kipling's India. Connecticut 1983.

- **Young, Robert J. C.:** Colonial Desire. Hybridity in Theory, Culture and Race. London; New York 1995.

- **Zijderveld, Anton:** On the Nature and the Functions of Clichés. In: Blaicher, Günther (Hg.): Erstarrtes Denken. Studien zu Klischee, Stereotyp und Vorurteil in englischsprachiger Literatur. Tübingen 1987, S.26-40.

- **Zingg, Robert M.:** Feral Man and Cases of Extreme Isolation of Individuals. In: Zingg, Robert; Singh, J.A.L.: Wolf Children and Feral Man. Originalausgabe von 1942. New York 1966, S.131-365.

- **Zingg, Robert M.:** Feral Man and Extreme Cases of Isolation. In: American Journal of Psychology. Band 53, Nr.4 (1940), S.487-517.

7. Anhang

Der Anhang wurde aus urheberrechtlichen Gründen für die Veröffentlichung entfernt.

BEI GRIN MACHT SICH IHR WISSEN BEZAHLT

- Wir veröffentlichen Ihre Hausarbeit, Bachelor- und Masterarbeit

- Ihr eigenes eBook und Buch - weltweit in allen wichtigen Shops

- Verdienen Sie an jedem Verkauf

Jetzt bei www.GRIN.com hochladen und kostenlos publizieren